Contra os astrólogos

FUNDAÇÃO EDITORA DA UNESP

Presidente do Conselho Curador
Mário Sérgio Vasconcelos

Diretor-Presidente
Jézio Hernani Bomfim Gutierre

Superintendente Administrativo e Financeiro
William de Souza Agostinho

Conselho Editorial Acadêmico
Danilo Rothberg
João Luís Cardoso Tápias Ceccantini
Luiz Fernando Ayerbe
Marcelo Takeshi Yamashita
Maria Cristina Pereira Lima
Milton Terumitsu Sogabe
Newton La Scala Júnior
Pedro Angelo Pagni
Renata Junqueira de Souza
Rosa Maria Feiteiro Cavalari

Editores-Adjuntos
Anderson Nobara
Leandro Rodrigues

SEXTO EMPÍRICO

Contra os astrólogos

Tradução e apresentação
Rodrigo Pinto de Brito e Rafael Huguenin

Notas e revisão da tradução
Cristina de Amorim Machado

© 2019 Editora Unesp

Título original: ΠΡΟΣ ΑΣΤΡΟΛΟΓΟΥΣ

Direitos de publicação reservados à:

Fundação Editora da Unesp (FEU)
Praça da Sé, 108
01001-900 – São Paulo – SP
Tel.: (0xx11) 3242-7171
Fax: (0xx11) 3242-7172
www.editoraunesp.com.br
www.livrariaunesp.com.br
feu@editora.unesp.br

Dados Internacionais de Catalogação na Publicação (CIP)
de acordo com ISBD
Elaborado por Vagner Rodolfo da Silva – CRB-8/9410

S518c

Sexto Empírico
    Contra os astrólogos / Sexto Empírico; traduzido por Rodrigo Pinto de Brito, Rafael Huguenin. – São Paulo: Editora Unesp, 2019.

Tradução de: ΠΡΟΣ ΑΣΤΡΟΛΟΓΟΥΣ
Inclui bibliografia.
ISBN: 978-85-393-0784-5

1. Filosofia. 2. Filosofia grega. 3. Sexto Empírico. 4. Astrólogos. 5. Astrologia. I. Brito, Rodrigo Pinto de. II. Huguenin, Rafael. III. Título.

2019-359   CDD 183
                                                      CDU 1(38)

Editora afiliada:

Sumário

Apresentação . 7

CONTRA OS ASTRÓLOGOS . 9

Comentários . 53

Referências bibliográficas . 81

Apresentação

O texto a seguir é a tradução integral, bilíngue e espelhada de ΠΡΟΣ ΑΣΤΡΟΛΟΓΟΥΣ (*Contra os astrólogos*, ou *M.* V). O autor do texto é Sexto Empírico (*c.* II-III d.C.), filósofo pirrônico e médico, ativo provavelmente em Roma, Atenas, Pérgamo ou Alexandria.

Assim como realizado com *Contra os gramáticos* (Sexto Empírico, 2015) e *Contra os retóricos* (Sexto Empírico, 2013), para a presente tradução tomamos por base a fixação textual de A. I. Bekker. Seguimos adotando as emendas de H. Mutschmann, mas não há diferenças substanciais entre as fixações de Bekker e Mutschmann-Mau em todo o texto. Para cotejo, usamos a mui influente versão latina de Henri Estienne, Desiderius Erasmus e Gentian Hervet, além da versão inglesa de R. G. Bury, a romena de A. M. Frenkian, as italianas de A. Russo e de E. Spinelli, a espanhola de J. B. Cavero e a francesa de P. Pellegrin, C. Dalimier, D. Delattre, J. Dellatre e B. Prérez.[1]

---

[1] Para as informações completas das publicações, consulte as Referências bibliográficas, ao final deste livro.

Sexto Empírico

Apesar de atualmente ser um dos textos menos lidos de Sexto Empírico, *Contra os astrólogos* foi uma das mais influentes obras sextianas, um dos raros ataques à astrologia na Antiguidade que chegaram até nós, magistralmente desempenhado tanto pelo rigor sistemático quanto pelo conhecimento do assunto. Quanto ao rigor, a metodologia destrutiva empregada por Sexto, visando atingir os elementos (στοιχεῖα) que compunham as artes, influenciou e cativou os mais diversos pensadores: na patrística grega, aqueles que pretendiam argumentar contra a "heresia caldaica", como Hipólito de Roma; e no Renascimento, aqueles que pretendiam relegar à astrologia o papel de pseudociência, como Giovanni Pico della Mirandola, que se espelhou em Sexto para redigir suas *Disputationes adversus astrologiam divinatricem*, obra publicada postumamente por seu sobrinho Gianfrancesco Pico e que foi lida por Copérnico e Kepler, por exemplo.[2]

Ora, para refutar a astrologia mediante a destruição sistemática dos elementos que a compõem, Sexto Empírico precisou argumentar e explicar quais precisamente eram esses elementos. Assim, pelo conhecimento do assunto e pela clareza na exposição, a presente obra tem valor inestimável para acadêmicos e historiadores das ideias, que têm em Sexto uma das principais fontes para a reconstrução da astrologia helenística.

Rafael Huguenin (IFRJ) e
Rodrigo Pinto de Brito[3] (UFS)

---

2 Cf. Popkin (2003).

3 Trabalho realizado sob auspícios da University of Kent – Canterbury/UK, como resultado parcial de pesquisa de pós-doutorado, PGCI 041/14-CAPES: "Encontros: o pensamento antigo numa perspectiva global".

Contra os astrólogos

Sexto Empírico

ΠΡΟΣ·ΑΣΤΡΟΛΟΓΟΥΣ.

20 Περὶ ἀστρολογίας ἢ μαθηματικῆς πρόκειται ζητῆσαι οὔτε τῆς τελείου ἐξ ἀριθμητικῆς καὶ γεωμετρίας συνεστώσης (ἀντειρήκαμεν γὰρ πρὸς τοὺς ἀπὸ τούτων τῶν μαθημάτων) οὔτε τῆς παρὰ ''' τοῖς περὶ Εὔδοξον καὶ 'Ἵππαρχον καὶ τοὺς ὁμοίους προρρητικῆς δυνάμεως, ἣν δὴ καὶ ἀστρο-
2 νομίαν τινὲς καλοῦσι, (τήρησις γάρ ἐστιν ἐπὶ φαινομένοις ὡς γεωργία καὶ κυβερνητική, ἀφ' ἧς ἔστιν αὐχμούς τε καὶ ἐπομβρίας λοιμούς τε καὶ σεισμοὺς καὶ ἄλλας τοιουτώδεις τοῦ περιέχοντος μεταβολὰς προθεσπίζειν), ἀλλὰ πρὸς γενεθλιαλογίαν, ἣν σεμνοτέροις κοσμοῦντες ὀνόμασιν οἱ
30 Χαλδαῖοι μαθηματικοὺς καὶ ἀστρολόγους σφᾶς αὐτοὺς

---

1. γινομένην — 2. πρόσθεσιν om C.   14. κατὰ ὑφαίρεσιν L.
18. ποιησόμεθα V et pr R. deinde σίξτου ἐμπειρικοῦ πρὸς ἀριθμητικούς RV.   23. ἄδοξον C.   24. καὶ post δὴ add CRV.   28. γενεθλιαλογίαν post Fabricium Creuzerus Plotini t. 3 p. 134a: γενεαλογίαν L.

10

Contra os astrólogos

1 // Trata-se [agora] de investigar[1] acerca da astrologia ou matemática,[2] não a [arte] completa, organizada[3] a partir da aritmética e da geometria (pois já falamos contra os professores de tais disciplinas[4]), nem acerca da capacidade de previsão[5] conforme [praticada] por Eudóxo, Hiparco[6,7] **2** e semelhantes, que alguns chamam também de astronomia[8] // (pois é observação[9] de fenômenos, assim como a agricultura e a pilotagem, a partir da qual é [possível] predizer[10] secas, tempestades e pragas, e também terremotos e outras mudanças de tal tipo no ambiente circundante[11]), mas contra a *genetlialogia*,[12] que os Caldeus[13] reverenciam com nomes adornados, autoproclamando-se matemáticos e astrólogos,

Sexto Empírico

ΠΡΟΣ ΑΣΤΡΟΛΟΓΟΥΣ. (F '''339) 729

ἀναγορεύουσιν, ποικίλως μὲν ἐπηρεάζοντες τῷ βίῳ, μεγά
λην δ᾽ ἡμῖν ἐπιτειχίζοντες δεισιδαιμονίαν, μηδὲν δὲ ἐπι
τρέποντες κατὰ τὸν ὀρθὸν λόγον ἐνεργεῖν. καὶ τοῦτ᾽ εἰ- 3
σόμεθα μικρὸν ἄνωθεν προλαβόντες περὶ τῶν συντεινόν
των πρὸς τὴν ἐπισκεπτικὴν αὐτῶν μέθοδον. ἔσται δὲ 5
ἐπιδρομικώτερον καὶ ὁλοσχερέστερον τὸ τῆς ὑφηγήσεως·
τοῖς γὰρ προηγουμένως μετιοῦσι τὸ μάθημα τοῦτο τὰ τῆς
ἀκριβείας συγκεχωρήσθω, ἡμῖν δὲ αὔταρκές ἐστι τούτων
ἐπιμνησθῆναι ὧν χωρὶς οὐ δυνατὸν ἐπιβάλλειν ταῖς πρὸς
τοὺς Χαλδαίους ἀντιρρήσεσιν. 10

Ἐπὶ προϋποκειμένῳ τοίνυν τῷ συμπαθεῖν τὰ ἐπίγεια 4
τοῖς οὐρανίοις καὶ κατὰ τὰς ἐκείνων ἀπορροίας ἑκάστοτε
ταῦτα νεοχμοῦσθαι

(τοῖος γὰρ νόος ἐστὶν ἐπιχθονίων ἀνθρώπων
οἷον ἐπ᾽ ἦμαρ ἄγῃσι πατὴρ ἀνδρῶν τε θεῶν τε) 15
οἱ περιεργότερον ἀναβλέψαντες εἰς τὸ περιέχον Χαλδαῖοι 5
δραστικῶν μὲν αἰτιῶν λόγον ἐπέχειν φασὶν εἰς τὸ ἕκαστον
τῶν κατὰ τὸν βίον συμβαινόντων ἐκβαίνειν τοὺς ἑπτὰ
ἀστέρας, '''συνεργεῖν δὲ τὰ τοῦ ζωδιακοῦ μέρη. τὸν μὲν
οὖν ζωδιακὸν κύκλον, ὥσπερ κατηχήμεθα, διαιροῦσιν εἰς 20
δεκαδύο ζῴδια; ἕκαστον δὲ ζῴδιον εἰς μοίρας τριάκοντα
(ἔστω γὰρ τοῦτο ἐπὶ τοῦ παρόντος σύμφωνον αὐτοῖς),
ἑκάστην δὲ μοῖραν εἰς ἑξήκοντα λεπτά· οὕτω γὰρ καλοῦσι
τὰ ἐλάχιστα καὶ ἀμερῆ. τῶν δὲ ζῳδίων τὰ μέν τινα ἄρρε- 6
νικὰ καλοῦσι τὰ δὲ θηλυκά, καὶ τὰ μὲν δίσωμα τὰ δὲ οὔ, 25
καὶ τινὰ μὲν τροπικὰ τινὰ δὲ στερεά. ἀρρενικὰ μὲν οὖν 7
καὶ θηλυκὰ ἅπερ συνεργὸν ἔχει φύσιν πρὸς ἀρρενογονίαν
ἢ θηλυγονίαν· κριὸς γὰρ ἀρρενικόν ἐστι ζῴδιον, ταῦρος
δέ, φασί, θηλυκόν, δίδυμοι ἀρρενικόν, καὶ ἐναλλὰξ τὰ

---

2. δὲ om V. 5. σκεπτικὴν CRX: cf. p. 737 4 et 13 et 18. 11. τὰ
om C. 14. τοῖος] Od. 18 136. 17. αἰτίων CRV. 19. τοῦ] τῆς C.
23. ἑξήκοντα] v. Wyttenbach. ad Plutarch. 381 B C. οὕτως κα
λοῦσι V. 24. ἀρσενικὰ CVGR. 26. μὲν στερεὰ τινὰ δὲ τροπικὰ CR.
στερεὰ autem solida esse, non fixa, Dorvillius monet Charit. p. 293
ed. Lips. 27. ἀρσερογονίαν V. 28. ἢ θηλυγονίαν om C.
29. ἀρσενικὸν CR.

Contra os astrólogos

por um lado insultando de vários modos a vida comum, por outro lado erguendo uma enorme barreira de superstição contra nós, e não permi-

3 tindo que se aja segundo a reta razão. // Compreenderemos isso após retomarmos um pouco, desde o princípio, as [coisas] que contribuem para o seu método de investigação.[14] Entretanto, será um tanto quanto sumária e geral [nossa] exposição: pois os detalhes precisos dessa disciplina[15] devem ser deixados aos que [dela] partilham, mas para nós é suficiente[16] mencionar os [pontos] sem os quais não é possível lançar [uma] altercação contra os Caldeus.

4 // Assim, com base na pressuposição de que as [coisas] terrestres estão em simpatia[17] com as celestes, e que as primeiras são a cada instante influenciadas de acordo com as emanações das segundas

(pois o estado de espírito dos homens que habitam a Terra
conforma-se ao dia que lhes destina o pai dos deuses e dos homens),[18]

5 // os Caldeus, tendo muito curiosamente fitado a abóbada, dizem que há uma relação de causas eficientes de sete astros[19] para com cada coisa que ocorre na vida, e que partes do zodíaco[20] cooperam com esses [astros]. Assim, o círculo do zodíaco, como nos foi informado, é dividido em doze signos zodiacais, cada um desses signos em trinta partes[21] (pois que isto seja acordado por ora) e cada uma das partes em sessenta minutos: pois

6 assim chamam as mínimas e indivisíveis. // E, dos signos, uns são chamados de masculinos, outros de femininos, e alguns de bicorpóreos, outros

7 de não [bicorpóreos], e alguns, ainda, de tropicais, outros de fixos.[22] // Assim, masculinos e femininos têm uma natureza que coopera com o nascimento de machos ou fêmeas, pois o Carneiro[23] é um signo masculino; mas Touro, dizem, [é] feminino; Gêmeos [é] masculino; e alternadamente

Sexto Empírico

730 (F ′′′ 340) ΠΡΟΣ ΜΑΘΗΜΑΤΙΚΟΥΣ Ε.

λοιπὰ κατὰ τὴν ὁμοίαν ἀναλογίαν, τὰ μὲν ἀρρενικὰ τά
8 δὲ θηλυκά. ἀφ' ὧν, οἶμαι, καὶ οἱ Πυθαγορικοὶ κινηθέν-
τες τὴν μὲν μονάδα ἄρρεν προσαγορεύουσι, τὴν δὲ δυάδα
θῆλυ, τὴν δὲ τριάδα πάλιν ἄρρεν, καὶ ἀναλόγως [πάλιν]
9 τοὺς λοιποὺς τῶν τε ἀρτίων καὶ περιττῶν ἀριθμῶν. ἔνιοι
δὲ καὶ ἕκαστον ζῴδιον εἰς δωδεκατημόρια διελόντες τῇ
αὐτῇ σχεδὸν ἐφόδῳ χρῶνται, οἷον ἐπὶ κριοῦ τὸ μὲν πρῶτον δωδεκατημόριον αὐτοῦ κριόν τε καλοῦσι καὶ ἄρρεν,
τὸ δὲ δεύτερον ταῦρόν τε καὶ θῆλυ, τὸ δὲ τρίτον διδύ-
10 μους τε καὶ ἄρρεν· καὶ ἐπὶ τῶν ἄλλων μοιρῶν ὁ αὐτὸς
10 λόγος. δίσωμα δὲ λέγουσιν εἶναι ζῴδια διδύμους τε καὶ
τὸν διαμετροῦντα τούτοις τοξότην, παρθένον τε καὶ ἰχθύας,
11 οὐ δίσωμα δὲ τὰ λοιπά. καὶ τροπικὰ μὲν ἐν οἷς γινόμε-
νος ὁ ′′′ἥλιος μεταλλάσσει καὶ ποιεῖ τοῦ περιέχοντος τρο-
15 πάς, οἷόν ἐστι ζῴδιον ὅ τε κριὸς καὶ τὸ τούτου διάμετρον,
καθάπερ ζυγός, αἰγόκερώς τε καὶ καρκίνος· ἐν κριῷ μὲν
γὰρ ἐαρινὴ γίνεται τροπή, ἐν αἰγοκέρῳ δὲ χειμερινή, ἐν
καρκίνῳ δὲ θερινὴ καὶ ἐν ζυγῷ φθινοπωρινή. στερεὰ δὲ
ὑπειλήφασι ταῦρόν τε καὶ τὸ διαμετροῦν, τουτέστι σκορ-
20 πίον, λέοντα καὶ ὑδροχόαν.
12   Οὐ μὴν ἀλλὰ καὶ πάντων τούτων τὰ ἐπὶ ἑκάστης γενέσεως κυριεύοντα ζῴδια πρὸς τὴν τῶν ἀποτελεσμάτων
ἔκβασιν, καὶ ἀφ' ὧν μάλιστα τὰς προαγορεύσεις ποιοῦνται,
τέσσαρά φασιν εἶναι τὸν ἀριθμόν, ἅπερ κοινῷ μὲν ὀνό-
25 ματι κέντρα καλοῦσιν, ἰδιαίτερον δὲ τὸ μὲν ὡροσκόπον
τὸ δὲ μεσουράνημα τὸ δὲ δῦνον τὸ δὲ ὑπόγαιον καὶ ἀν-
13 τιμεσουράνημα, ὃ καὶ αὐτὸ μεσουράνημα ἐστίν. ὡροσκόπος μὲν οὖν ἐστιν ὅπερ ἔτυχεν ἀνίσχειν καθ' ὃν χρόνον ἡ γένεσις συνετελεῖτο, μεσουράνημα δὲ τὸ ἀπ' ἐκείνου
30 τέταρτον ζῴδιον σὺν αὐτῷ ἐκείνῳ, δῦνον δὲ τὸ διαμετροῦν τῷ ὡροσκόπῳ, ὑπὸ γῆν δὲ καὶ ἀντιμεσουράνημα
τὸ διαμετροῦν τῷ μεσουρανήματι, οἷον (ἔσται γὰρ σαφὲς

9. τε om CR.   12. τούτους FV.   15. ζῴδια C.   17. ἐν καρκίνῳ — 18. φθινοπωρινή om C.   20. ὑδρηχόον G.   23. προαγορεύσεις Π, προσαγορεύσεις L.   25. τὸν L.   26. ὑπὸ γῆν VX.

Contra os astrólogos

8 o restante, de acordo com a mesma analogia, uns, por um lado, são masculinos, e outros, por sua vez, femininos. // A partir destas [distinções], suponho, os pitagóricos foram levados a chamar a mônada de masculino, e a díade de feminino, mas a tríade novamente de masculino, e analogamen-

9 te, por fim, o restante dos números pares e ímpares. // Mas alguns, tendo dividido cada signo em doze partes,[24] utilizam quase a mesma abordagem, como no caso de Áries, por exemplo, cuja primeira duodécima parte chamam de Áries e de masculino, a segunda, de Touro e de feminino, a terceira, de Gêmeos e de masculino; e, quanto às outras partes, [vigora] o mesmo

10 discurso. // Mas [eles] dizem que são bicorpóreos[25] e diametralmente opostos tanto os signos de Gêmeos e do Arqueiro,[26] quanto ainda os de

11 Virgem e de Peixes, e os restantes não são bicorpóreos. // E tropicais,[27] de fato, são aqueles [signos] nos quais o Sol, ali nascendo, modifica seu curso e produz mudanças na abóbada, tal como, por exemplo, o signo de Áries, e com seu oposto, a Balança;[28] e também Capricórnio e Caranguejo.[29] Pois em Áries, por um lado, se dá o equinócio da primavera, e em Capricórnio, por outro lado, o [solstício] de inverno; mas em Câncer o [solstício de verão], e em Libra o [equinócio] de outono.[30] [Os astrólogos] assumem como fixos Touro e também seu oposto, ou seja, Escorpião, e também Leão e Aquário.

12 // Contudo, dentre todos esses signos, aqueles que, para cada nascimento, estão em posição predominante para a produção dos efeitos, e a partir dos quais são feitas primordialmente as previsões, eles dizem que são quatro em número, os quais chamam, genericamente, pelo nome de ângulos,[31] e mais especificamente, por outro lado, [chamam] de "horóscopo",[32] de "meio do céu",[33] de "poente",[34] de "subterrâneo" ou "anti-meio do céu",[35]

13 que é ele próprio um "meio do céu". // Assim, "horóscopo" é aquele [signo] que vem a surgir[36] no momento em que o nascimento se efetiva; o "meio do céu", por sua vez, [é] o quarto signo a partir do [horóscopo],[37] com ele próprio [i.e. o horóscopo] incluído, [enquanto] o "poente" é o oposto ao horóscopo, e o "subterrâneo" ou "fundo do céu", [ao seu turno,] é oposto ao meio do céu, de tal modo que (pois ficará claro

Sexto Empírico

ΠΡΟΣ ΑΣΤΡΟΛΟΓΟΥΣ. (F '''341) 731

ἐπὶ παραδείγματος) καρκίνου ὡροσκοποῦντος μεσουρανεῖ
μὲν κριός, δύνει δὲ αἰγόκερως, ὑπὸ γῆν δέ ἐστι ζυγός. οὐ 14
μὴν ἀλλὰ καὶ ἑκάστου τούτων τῶν κέντρων τὸ μὲν προάγον ζώδιον ἀπόκλιμα καλοῦσι, τὸ δὲ ἑπόμενον ἐπαναφοράν. ἤδη δὲ τὸ μὲν προαναφερόμενον τοῦ ὡροσκοποῦν- 15
τος ζωδίου, ἐν τῷ φανερῷ ὄν, κακοῦ δαίμονός φασιν
εἶναι, τὸ δὲ μετὰ τοῦτο, ἑπόμενον δὲ τῷ μεσουρανοῦντι,
ἀγαθοῦ δαίμονος, τὸ δὲ προάγον τοῦ μεσουρανοῦντος
κάτω μερίδα καὶ μονομοιρίαν καὶ θεόν, τὸ δὲ ἐρχόμενον
ἐπὶ τὴν δύσιν ἀργὸν ζώδιον καὶ ἀρχὴν θανάτου, '''τὸ δὲ 16
μετὰ τὴν δύοιν ἐν τῷ ἀφανεῖ ποινὴν καὶ κακὴν τύχην,
ὅπερ καὶ διάμετρόν ἐστι τῷ κακῷ δαίμονι, τὸ δὲ ἐρχόμενον ὑπὸ γῆν ἀγαθὴν τύχην, διαμετροῦν τῷ ἀγαθῷ δαίμονι, τὸ δὲ ἀποχωροῦν ἀπὸ τοῦ ἀντιμεσουρανήματος ὡς 17
ἐπ' ἀνατολὴν θεάν, διαμετροῦν τῷ θεῷ, τὸ δὲ ἐπιφερόμε- 18
νον τῷ ὡροσκόπῳ ἀργόν, ὅ πάλιν διαμετρεῖ τῷ ἀργῷ. ἤ 18
ἵνα συντομώτερον φῶμεν, τοῦ ὡροσκοποῦντος ζωδίου τὸ
μὲν ἀπόκλιμα καλεῖται κακὸς δαίμων, ἡ δ' ἐπαναφορὰ
ἀργόν· ὡσαύτως τοῦ μεσουρανήματος τὸ μὲν ἀπόκλιμα
θεός, ἡ δ' ἐπαναφορὰ ἀγαθὸς δαίμων· κατὰ τὰ αὐτὰ δὲ 19
καὶ τοῦ ἀντιμεσουρανήματος τὸ μὲν ἀπόκλιμα θεά, ἡ δὲ
ἐπαναφορὰ ἀγαθὴ τύχη· ὁμοίως τοῦ δύνοντος τὸ μὲν
ἀπόκλιμα κακὴ τύχη, ἡ δὲ ἐπαναφορὰ ἀργόν. ταῦτα δ' 20
οἴονται οὐ παρέργως ἐξετάζειν· οὐ γὰρ τὴν αὐτὴν δύναμιν ἔχειν ἡγοῦνται τοὺς ἀστέρας πρὸς τὸ κακοποιεῖν ἢ μὴ 21
ἐπί τε τῶν κέντρων θεωρουμένους καὶ ἐπὶ ταῖς ἀναφοραῖς
καὶ τοῖς ἀποκλίμασιν, ἀλλ' ὅπου μὲν ἐνεργεστέραν ὅπου δὲ
ἀπρακτοτέραν. ἦσαν δέ τινες Χαλδαίων οἱ καὶ ἕκαστον 21
μέρος τοῦ ἀνθρωπείου σώματος ἑκάστῳ τῶν ζωδίων ἀνα- 30
τιθέντες ὡς συμπαθοῦν· κριὸν μὲν γὰρ κεφαλὴν ὀνομά-
ζουσι, ταῦρον δὲ τράχηλον, διδύμους δὲ ὤμους, καρκίνον
δὲ στέρνον, λέοντα δὲ πλευράς, παρθένον δὲ γλουτούς,

---

1. καρκίνον C.   25. κακὸν ποιεῖν X.   26. ἐπαναφοραῖς Salmasius, frustra: v. Creuzer. Plotini t. 3 p. 99 a.   27. καὶ] ἢ V.

Contra os astrólogos

a partir de um exemplo), quando Câncer é o horóscopo, o meio do céu é Áries, o poente [é] Capricórnio, e Libra o subterrâneo. // Contudo, em relação a cada um desses ângulos, [eles] chamam o signo precedente de cadente,[38] e o subsequente de sucedente.[39] // Ademais, aquele que se ergue antes do signo do horóscopo, quando se torna visível, [eles] dizem que é [o signo] do "gênio mau",[40] o [que está] depois deste, sucedendo ao meio do céu, é o do "gênio bom",[41] [já] o que antecede ao [signo do] meio do céu, [dizem que é a] "parte inferior", "monomoiria"[42] ou "deus",[43] e aquele que vem antes do poente [é] o "signo ocioso" e "princípio da morte";[44] // e, por sua vez, o que [vem] após o poente e está fora de visão, diametralmente oposto ao gênio do mal, [dizem que é] "castigo" ou "infortúnio",[45] [já] o que vem antes do subterrâneo, diametralmente oposto ao gênio bom, [é a] "boa fortuna",[46] // o que surge [logo] após o fundo do céu, em direção ao oriente, oposto ao deus, [eles chamam de] "deusa",[47] e, [por fim], o que antecede o horóscopo, [está] "ocioso",[48] que, por sua vez, é também oposto ao ocioso.[49] // Ou, falando mais brevemente, o signo que antecede o horóscopo é chamado de "mau gênio", e seu sucessor de "ocioso"; do mesmo modo, o signo que antecede o meio do céu [é chamado de] "deus", e seu sucessor de "bom gênio"; // assim, da mesma forma, o signo que antecede o fundo do céu [é chamado de] "deusa", e seu sucedente de "boa fortuna", assim como o signo que antecede o poente, por sua vez, [é chamado de] "infortúnio", e seu sucessor de "ocioso".[50] // Eles [i.e. os Caldeus] acreditavam que não era fora de propósito investigar tais coisas: pois consideravam que os astros não possuíam o mesmo poder para produzir ou não malefícios quando são observados nos ângulos, em seus sucedentes ou antecedentes, mas que são mais eficientes em certos lugares e mais ineficientes em outros. // Mas havia alguns entre os Caldeus que a cada parte do corpo humano atribuíram um dos signos, como simpáticos: pois, de fato, à cabeça chamaram de Áries, o pescoço de Touro, os ombros de Gêmeos, o peito de Câncer, os lados de Leão, as nádegas de Virgem,

Sexto Empírico

732 (F *''342) ΠΡΟΣ ΜΑΘΗΜΑΤΙΚΟΥΣ Ε.

22 ζυγὸν δὲ λαγόνας, σκορπίον αἰδοῖον καὶ μήτραν, τοξότην μηρούς, αἰγόκερων γόνατα, ὑδροχόον κνήμας, ἰχθύας δὲ πόδας. καὶ ταῦτα "'πάλιν οὐκ ἀσκόπως, ἀλλ' ἐπείπερ, ἐὰν ἔν τινι τούτων τῶν ζωδίων γένηται τῶν κατὰ τὴν γένεσιν 5 κακοποιῶν ἀστέρων τις, πήρωσιν τοῦ ὁμωνυμοῦντος ἀπεργάζεται μέρους.

Ταῦτα μὲν οὖν περὶ τῆς φύσεως τῶν ἐν τῷ ζωδιακῷ 23 κύκλῳ κεφαλαιωδέστερον ὑποδεδείχθω· οὐκ ἄτοπον δὲ ἑξῆς διελθεῖν καὶ περὶ τῆς διαιρέσεως αὐτῶν. ἐπιστάσεως 10 γὰρ οὔσης ὡς τῶν ζωδίων μὴ κατ' ἰδίαν περιγραφὴν θεωρουμένων ἀλλ' ἑπτὰ ἀστέρων διεσπαρμένων παρατηρήσει, ἐπῆλθεν αὐτοῖς εἰς δώδεκα μοίρας τὸν ὅλον καταδιελεῖν 24 κύκλον. ὑποδεικνύντες γὰρ τὴν ἔφοδον φασίν, ἕνα τινὰ τῶν ἐν τῷ ζωδιακῷ κύκλῳ λαμπρὸν ἀστέρα παρατηρήσαν-15 τες ἀνατέλλοντα οἱ πάλαι, εἶτα ἀμφορέα τετρημένον πληρώσαντες ὕδατος εἴασαν ῥεῖν εἴς τι ἕτερον ὑποκείμενον ἀγγεῖον μέχρι τοῦ τὸν αὐτὸν ἀνασχεῖν ἀστέρα, στοχασάμενοί τε ἀπὸ τοῦ αὐτοῦ σημείου ἐπὶ τὸ αὐτὸ σημεῖον 25 γεγονέναι τὴν τοῦ κύκλου περιστροφὴν πάλιν ἐλάμβα-20 νον τὸ δωδέκατον τοῦ ῥυέντος, καὶ ἐσκέπτοντο ἐν πόσῳ τοῦτο ἔρρευσε χρόνῳ· ἐν τοσούτῳ γὰρ ἔλεγον καὶ τὸ δωδέκατον μέρος ἀνεληλυθέναι τοῦ κύκλου, καὶ τοῦτον ἔχειν τὸν λόγον τὸ ἀνενεχθὲν μέρος τοῦ κύκλου πρὸς τὸν ὅλον κύκλον, ὃν ἔχει τὸ ῥυὲν τοῦ ὕδατος μέρος πρὸς τὸ ὅλον 26 ὕδωρ. ἐκ ταύτης τῆς ἀναφορᾶς, φημὶ δὲ τοῦ δωδεκατημορίου, τὸ τελευταῖον πέρας ἐσημειοῦτο ἀπὸ ἀστέρος τινὸς ἐπιφανοῦς κατ' αὐτὸ θεωρουμένου ἢ ἀπό τινος τῶν συνανατελλόντων βορειοτέρων ἢ νοτιωτέρων. τὸ δὲ αὐτὸ ἐποίουν καὶ ἐπὶ τῶν ἄλλων δωδεκατημορίων.

30 Ἀλλ' ἡ μὲν ἔφοδος καθ' ἣν εἰς τοσαύτας μοίρας τὸν 27 ζωδιακὸν καταδιαιροῦσι κύκλον, ἐστὶ τοιαύτη· ἀνάλογος δ' ἔοικεν εἶναι καὶ καθ' ἣν τὸν ἐφ' ἑκάστης γενέσεως ὡρο-

2. ὑδρηχόον GV. 4. γίνεται X. 13. cf. Boeckh. Metrolog p. 37.
φασίν] φασὶν ὅτι? dicunt quod H. 22. ἔχει V. 24. ὃν] ὃ L.
25. δὲ om CR. 31. ἔστη V.

18

Contra os astrólogos

// os flancos de Libra, as partes pudendas e o útero de Escorpião, os fêmures de Sagitário, os joelhos de Capricórnio, as tíbias de Aquário, os pés de Peixes. Mas tais coisas, mais uma vez, não são fora de propósito, já que, caso algum dos astros que produzem malefícios nasça no [momento do] nascimento [de alguém], ele produz uma deformidade na parte de mesmo nome.[51]

Que tais coisas sirvam então como indicação, embora um tanto quanto sumária, acerca da natureza do círculo zodiacal; // porém, como há dificuldade, uma vez que os signos não são vistos de acordo com [uma] determinação própria,[52] mas mediante a observação[53] de sete astros dispersos, ocorreu a eles dividir todo o ciclo em doze partes.[54] // Pois, ao indicarem o procedimento,[55] os antigos – dizem [os Caldeus] –, tendo observado[56] um certo astro brilhante despontando no círculo zodiacal, enchiam logo em seguida com água uma ânfora perfurada, permitindo que [a água] fluísse para um receptáculo adjacente até esse mesmo astro emergir novamente, e, tendo conjecturado que a revolução de um ciclo se efetuava partindo de um signo [até retornar] a esse mesmo signo, // pegaram a duodécima parte [da água] que havia fluído e calcularam por quanto tempo ela fluiu; pois em tal tempo, diziam, cobria a duodécima parte do círculo, e esta parte do círculo coberta tem para com o círculo todo a mesma proporção que tem a parte que flui da água para com a água toda. // A partir dessa proporção,[57] digo, da duodécima parte, [eles] marcaram o limite final por meio de um astro bem visível, observado por si só, ou a partir de algum dos [astros] que aparecem simultaneamente no horizonte ao norte ou ao sul. E fizeram o mesmo quanto às outras doze partes.

Este então, por um lado, é o procedimento segundo o qual [eles] dividiram o círculo zodiacal em tantas partes; // mas, por outro lado, análogo a esse [procedimento] parece ser o segundo o qual afirmam terem observado[58] originalmente o

Sexto Empírico

ΠΡΟΣ ΑΣΤΡΟΛΟΓΟΥΣ. (F '''343) 733

σκόπον ἀρχικῶς παρατετηρηκέναι λέγουσιν. νύκτωρ μὲν
γὰρ ὁ Χαλδαῖος, φασίν, ἐφ᾽ ὑψηλῆς τινὸς ἀκρωρείας ἐκα-
θέζετο ἀστεροσκοπῶν, ἕτερος δὲ παρήδρευε τῇ ὠδινούσῃ
μέχρις ἀποτέξοιτο, ἀποτεκούσης δὲ εὐθὺς δίσκῳ διεσήμαινε 28
τῷ ἐπὶ τῆς ἀκρωρείας. ὁ δὲ ἀκούσας καὶ αὐτὸς παρεση- 5
μειοῦτο τὸ ἀνίσχον ζῴδιον ὡς ὡροσκοποῦν, μεθ᾽ ἡμέραν.
δὲ τοῖς ὡροσκοπίοις '''προσεῖχε καὶ ταῖς τοῦ ἡλίου κινήσεσιν.

Ἀλλὰ ταῦτα μὲν περὶ ζῳδίων· τῶν δὲ ἀστέρων ἐνίους 29
μὲν ἀγαθοποιοὺς εἶναι λέγουσιν ἐνίους δὲ κακοποιοὺς τι-
νὰς δὲ καὶ κοινούς, οἷον ἀγαθοποιοὺς μὲν τὸν τοῦ Διὸς 10
καὶ τὸν τῆς Ἀφροδίτης, κακοποιοὺς δὲ τὸν τοῦ Ἄρεως
καὶ Κρόνου, ἐπίκοινον δὲ τὸν τοῦ Ἑρμοῦ, ἐπείπερ μετὰ
μὲν ἀγαθοποιῶν ἀγαθοποιὸς μετὰ δὲ κακοποιῶν κακοποιός. ἄλλοι δὲ τοὺς αὐτοὺς ἀστέρας κατ᾽ ἄλλην καὶ ἄλ- 30
λην σχέσιν ὁτὲ μὲν ἀγαθοποιοὺς ὁτὲ δὲ κακοποιοὺς ὑπάρ- 15
χειν νομίζουσιν· ἢ γὰρ παρὰ τὸ ζῴδιον ἢ παρὰ τοὺς
τῶν ἄλλων ἀστέρων συσχηματισμοὺς οὔτε ὁ κακοποιὸς
ἀστὴρ πάντως κακοποιός ἐστιν οὔτε ὁ ἀγαθοποιὸς πάντως ἀγαθοποιός ἐστιν. πλὴν τῶν ἑπτὰ ἡγεῖσθαι μὲν 3
τὸν ἥλιον καὶ τὴν σελήνην οἴονται, ἐλάττονα δὲ τούτων 20
δύναμιν ἔχειν πρὸς τὰς τῶν ἀποτελεσμάτων ἐκβάσεις τοὺς
λοιποὺς πέντε· παρ᾽ ἣν αἰτίαν οἱ Αἰγύπτιοι βασιλεῖ μὲν
καὶ δεξιῷ ὀφθαλμῷ ἀπεικάζουσι τὸν ἥλιον, βασιλείᾳ δὲ
καὶ ἀριστερῷ ὀφθαλμῷ τὴν σελήνην, ῥαβδοφόροις δὲ τοὺς
πέντε ἀστέρας, τῷ δὲ λοιπῷ λαῷ τοὺς ἄλλους ἀπλανεῖς. 25
καὶ τῶν πέντε ἡλίῳ μὲν συμφωνεῖν καὶ συνεπικουρεῖν φασὶ 32
Κρόνον τε καὶ Δία καὶ Ἑρμῆν, οὕς καὶ ἡμερινοὺς καλεῖσθαι διὰ τὸ τὸν ἥλιον, ᾧ συνεργοῦσι, τῶν μεθ᾽ ἡμέραν γεννωμένων ἐπικρατεῖν. τοὺς δὲ αὐτοὺς ἀστέρας μεί- 33

---

2. γὰρ om C.   φησὶν L.   4. ἀποτέξαιτο L: corr Lobeck. ad
Phrynich. p. 743.   διδασκάλῳ H.   7. ὡροσκόποις L: corr Salmasius.
11. τὸν ante τῆς om CR.   Ἄρεος FG.   18. ὁ add CRV.
22. οἱ Αἰγύπτιοι] v. Wyttenbach. ad Plutarch. 371 D.   23. βασιλίδι
X et margo H.   28. γεννωμένων μεθ᾽ ἡμέραν CR et Marcianus 262,
μεθ᾽ ἡμέραν γινομένων VX.   29. post ἐπικρατεῖν, si non plura, haec
certe desunt: σελήνῃ δὲ Ἄρην τε καὶ Ἀφροδίτην.

20

Contra os astrólogos

horóscopo de cada nascimento. Assim, durante a noite, dizem, um Caldeu sentava-se em algum monte elevado e examinava os astros,[59] enquanto outro auxiliava a parturiente até ela dar à luz; // assim que [ela] paria, imediatamente [o homem que auxiliava no parto] sinalizava isso através de um gongo para [o homem] no monte. E este, [por sua vez,] ouvindo, anotava o signo que se erguia como o horóscopo, mas, ao longo do dia, atentava para o horológio e para os movimentos solares. // Tais coisas, no entanto, concernem aos signos; mas acerca dos [sete] astros, dizem que alguns são benéficos, outros maléficos e uns ambos em comum,[60] por exemplo, Zeus[61] e Afrodite[62] são benéficos; Ares[63] e Cronos[64] são maléficos; e Hermes[65] ambivalente, uma vez que é benéfico [quando está] entre benéficos, mas maléfico entre maléficos. // Outros, porém, sustentam que os mesmos astros são ora benéficos, ora maléficos, de acordo com a posição. Pois, tanto em relação ao signo, quanto em relação às configurações dos outros astros, o astro maléfico não é totalmente maléfico, nem o benéfico é totalmente benéfico. // Ademais, dentre os sete, supõem que o Sol e a Lua são os principais, e que os outros cinco possuem menos poder quanto à produção de efeitos; por causa disso, os egípcios comparavam o Sol ao rei e ao olho direito, a Lua à rainha e ao olho esquerdo, os cinco astros aos guardas, e os outros [astros] fixos[66] ao restante do povo. // E, dentre os cinco, dizem, Saturno, Júpiter e Mercúrio[67] harmonizam-se e aliam-se ao Sol, e estes são chamados "diurnos" porque o Sol, com o qual cooperam, rege os que nasceram de dia, <mas Marte e Vênus [harmonizam-se e aliam-se] à Lua>. // [Dizem também que][68] os mesmos astros

Sexto Empírico

734 (F ''' 344) ΠΡΟΣ ΜΑΘΗΜΑΤΙΚΟΥΣ Ε.

ζονα μᾶλλον ἴσχειν δύναμιν ἢ παρὰ τὸ ἐν ἰδίοις οἴκοις
ὑπάρχειν ἢ ὑψώμασιν ἢ ὁρίοις, ἢ παρὰ τὸ δορυφορεῖσθαί
τινας ὑπό τινων, ἢ παρὰ τὸ ἐπιβλέπειν ἀλλήλους καὶ
συσχηματίζεσθαι ἀλλήλοις, ἢ παρὰ τὸ ἐπὶ κέντροις εἶναι.
34 οἶκος δέ ἐστι κατ' αὐτοὺς ἡλίου μὲν λέων, σελήνης δὲ
καρκίνος, Κρόνου δὲ αἰγόκερως καὶ ὑδροχόος, Διὸς τοξό-
της καὶ ἰχθύες, Ἄρεως κριὸς καὶ σκορπίος, Ἀφροδίτης
35 ταῦρος καὶ ζυγός, Ἑρμοῦ δίδυμοι καὶ παρθένος. ὑψώ-
ματα δὲ καλοῦσιν ἀστέρων, καὶ ταπεινώματα ὡσαύτως, τὰ
10 ἐν οἷς χαίρουσιν ἢ ὀλίγην δύναμιν ἔχουσιν· χαίρουσι
μὲν γὰρ ἐν τοῖς ὑψώμασιν, ὀλίγην δὲ δύναμιν ἔχουσιν ἐν
36 τοῖς ταπεινώμασιν. οἷον ἡλίου μὲν ὕψωμα κριός, καὶ
πρὸς ἀκρίβειαν ἡ ἐννεακαιδεκάτη τούτου μοῖρα, ταπείνωμα
δὲ τὸ διαμετροῦν ζώδιον, σελήνης δὲ ''' πάλιν ὕψωμα μὲν
15 ταῦρος ταπείνωμα δὲ τὸ διαμετροῦν, Κρόνου ζυγός, Διὸς
καρκίνος, Ἄρεως αἰγόκερως, Ἀφροδίτης ἰχθύες, Ἑρμοῦ
παρθένος. καὶ ταπεινώματα τούτων, ὡς ἔφην, τὰ διαμε-
37 τροῦντα τῶν ὑψωμάτων. ὅρια δὲ ἀστέρων προσαγορεύου-
σιν ἐν ἑκάστῳ ζωδίῳ ἐν οἷς ἕκαστος τῶν ἀστέρων ἀπὸ
20 ποστῆς μοίρας ἐπὶ ποστὴν μοῖραν πλεῖστον δύναται· περὶ
ὧν οὐχ ἡ τυχοῦσα παρ' αὐτοῖς ἐστι καὶ κατὰ τοὺς πίνακας
38 διαφωνία. δορυφορεῖσθαι δὲ ἀστέρας λέγουσιν, ὅταν μέ-
σοι ὦσιν ἄλλων ἀστέρων ἐν συνεχείᾳ ζωδίων· οἷον ἐὰν
τοῦ αὐτοῦ ζωδίου ὃς μέν τις ἀστὴρ τὰς πρώτας ἐπέχῃ
25 μοίρας ὃς δὲ τὰς τελευταίας ὃς δὲ τὰς ἐν μέσῳ, δορυφορεῖσθαι λέγεται ὁ ἐν μέσῳ ὑπὸ τῶν τὰς ἐπ' ἄκροις ἐπε-
39 χόντων μοίρας. ἐπιβλέπειν δὲ λέγονται ἀλλήλους καὶ συμφωνεῖν ἀλλήλοις ὡς οἱ κατὰ τρίγωνον ἢ τετράγωνον φαι-
νόμενοι. κατὰ τρίγωνον μὲν οὖν σχηματίζονται καὶ ἐπι-
30 θεωροῦσιν ἀλλήλους ἀστέρες οἱ [ἐπὶ] τριῶν ζωδίων ἔχοντες τὸ μεταξὺ διάστημα, κατὰ τετράγωνον δὲ οἱ δυοῖν.

---

1. ἴσχυιν V, ἔχειν CFGR.   2. ὑπάρχειν om CR.   6. κρόνος C.
ὑδρηχόος a V.   7. ἰχθὺς F, ἰχθύς G.   11. τοῖς — ἐν om C.
16. Ἑρμοῦ παρθένος om CHR.

Contra os astrólogos

exercem poder bem maior, seja por estarem em seus próprios domicílios, exaltações, ou termos;[69] seja por uns estarem enquadrados por outros; seja por mirarem-se mutuamente e ajustarem-se de modo recíproco, ou por estarem nos ângulos.[70] // Segundo eles, o domicílio do Sol é Leão, da Lua é Câncer, de Saturno são Capricórnio e Aquário, de Júpiter são Sagitário e Peixes, de Marte são Áries e Escorpião, de Vênus são Touro e Libra, de Mercúrio são Gêmeos e Virgem.[71] // E [desse modo] chamam de "exaltação" e de "queda" dos astros [os lugares] nos quais [respectivamente] regozijam-se ou têm pouco poder: pois regozijam-se, por um lado, nas exaltações, e, por outro lado, têm pouco poder nas quedas.[72] // Por exemplo, Áries é a exaltação do Sol, e precisamente o seu décimo nono grau,[73] e o signo oposto é a queda; novamente, Touro é a exaltação da Lua, e o signo oposto é a queda; Libra [é a exaltação] de Saturno, Câncer a de Júpiter, Capricórnio a de Marte, Peixes a de Vênus, Virgem a de Mercúrio. E as quedas deles, como disse, são os opostos às exaltações. // E de "termos dos astros" [eles] chamam, em cada signo, [a região] na qual cada [um] dos astros, [partindo] de um ponto determinado da série até [outro] ponto determinado, torna-se mais potente: acerca desses [termos] não é pouca a discordância[74] entre eles e segundo suas tábuas.[75] // E enquadrados dizem ser os astros quando estão entre outros astros em continuidade com os signos, por exemplo: se no próprio signo um astro ocupa as primeiras partes, outro as últimas, outro as do meio, dizem que os do meio estão enquadrados pelos que ocupam as partes extremas. // E dizem mirarem-se mutuamente e ajustarem-se de modo recíproco aqueles que aparecem como triângulo ou quadrado. Então, quanto ao triângulo, são os astros que se configuram e se miram mutuamente, ocupando uma distância intermediária entre três signos; quanto ao quadrado, entre dois [signos].[76]

Sexto Empírico

ΠΡΟΣ ΑΣΤΡΟΛΟΓΟΥΣ.   (F ''' 345)   735

καὶ δοκεῖ κατὰ μὲν τρίγωνον ἀγαθοποιῷ κακοποιὸς συσχη- 40
ματιζόμενος εὐεργετικὸς εἶναι καὶ πολὺ μᾶλλον ἀγαθοποιός, ἀγαθοποιῷ δὲ ἤπιος αὐτὸ μόνον, καὶ κακοποιὸς
κακοποιῷ, κατὰ δὲ τετράγωνον ἀνάπαλιν. ἐπίκεντροι δὲ
λέγονται οἱ ἐπί τινος τῶν κέντρων θεωρούμενοι, ἤτοι ἐπὶ 5
τοῦ ὡροσκόπου ἢ τοῦ μεσουρανήματος ἢ δύσεως ἢ ἀντιμεσουρανήματος.

Ἀλλὰ γὰρ τούτων οὕτως ἡμῖν ὡς ἐν τύπῳ καὶ ὁλο- 41
σχερῶς ἐκκειμένων προληπτέον ὡς ἀπ' αὐτῶν ὁρμηθέντες
οἱ Χαλδαῖοι τὰς προαγορεύσεις ποιοῦνται τῶν ἀποτε- 10
λεσμάτων. διαφορὰ δὲ ἔστιν αὐτῶν, ἐπεὶ τὰ μὲν ἁπλούστερα καθεισήκει τὰ δὲ ἀκριβέστερα, καὶ ἁπλούστερα μὲν
τὰ κατὰ ζώδιον ἢ ἁπλῆν ἀστέρος δύναμιν γινόμενα, οἷον
ὅτι ὅδε ὁ ἀστὴρ ἐν τῷδε τῷ ζωδίῳ γενόμενος τοιούτους
ποιεῖ, ἀκριβέστερα δὲ τὰ κατὰ συνδρομὴν καὶ ὡς αὐτοὶ 42
λέγουσι τὰ κατὰ σύγκρασιν πλειόνων, οἷον "ἐὰν ὅδε μὲν
ὡροσκοπῇ ὅδε δὲ μεσουρανῇ ὅδε δὲ ἀντιμεσουρανῇ οἱ
δὲ ἄλλοι οὕτως ἔχωσι, συμβήσεται τάδε."

Ὁ μὲν οὖν χαρακτὴρ τῆς Χαλδαϊκῆς μεθόδου τοιοῦ- 43
τος ἔοικεν εἶναι· ῥᾴδιον δ' ἔστι '''λοιπὸν ἐπὶ παραδοθέντι 20
τούτῳ συμπεριφέρεσθαι ταῖς κομιζομέναις ἀντιρρήσεσιν.
καὶ δὴ ἔνιοι μὲν ἀγροικότερον πειρῶνται διδάσκειν ὡς οὐ
πάντως συμπάσχει τοῖς οὐρανίοις τὰ ἐπίγεια· οὐδὲ γὰρ 44
οὕτως ἥνωται τὸ περιέχον ὡς τὸ ἀνθρώπινον σῶμα, ἵνα
ὃν τρόπον τῇ κεφαλῇ τὰ ὑποκείμενα μέρη συμπάσχει καὶ 25
τοῖς ὑποκειμένοις ἡ κεφαλή, οὕτω καὶ τοῖς ἐπουρανίοις
τὰ ἐπίγεια, ἀλλά τις ἔστι τούτων διαφορὰ καὶ ἀσυμπά-
θεια ὡς ἂν μὴ μίαν καὶ τὴν αὐτὴν ἐχόντων ἕνωσιν. ἄλλοι 45
δὲ καὶ τὸν περὶ εἱμαρμένης κινοῦσι λόγον· εἰ γὰρ μὴ
πάντα γίνεται κατὰ εἱμαρμένην, οὐκ ἔστι Χαλδαϊκὴ ἡ 30
τοῦτο ἀξιοῦσα [κατὰ εἱμαρμένην εἶναι]. οὐκ ὀλίγοι δὲ ἦσαν

---

1. σχηματιζόμενος V.   3. ἤπιος] ἤποιος πρὸς G.   4. δὲ τὸ
τετράγωνον FGV.   5. ἐπὶ] ὑπὸ L.   16. ἅδε C.   17. ἀντιμεσου-
ρανῇ] μὴ μεσουρανῇ CRV et margo X, R ἄττι subscripta, C in margine
posita. μὴ ἀντιμεσουρανῇ X.   23. οὐ X.   25. συμπάσχη CRV.

Contra os astrólogos

// E parece que [um astro] maléfico, estando em aspecto com um benéfico em um triângulo, é benéfico e muito mais benfazejo; mas um benéfico [estando em aspecto com] um benéfico, é tão somente o mesmo [i.e. favorável], e [da mesma forma] um maléfico para com um maléfico; mas, quanto ao quadrado, [dá-se] o contrário. São chamados de "angulares" quando são observados em alguns dos ângulos, ou no horóscopo, ou no meio do céu, ou no descendente, ou no fundo do céu.

// Mas, agora que já expusemos tais coisas em esboço e de modo geral, deve ser compreendido inicialmente que, partindo disso, os Caldeus fazem as predições dos efeitos. Porém, há [uma] diferença nestes [efeitos], uma vez que alguns são "mais simples", [e] outros "mais precisos"; os mais simples, por um lado, são os que se dão em virtude de [um] signo ou pela simples força de um astro, por exemplo: quando certo astro, surgindo em determinado signo, produz tais [efeitos]; // e mais precisos, por outro lado, [são os que se dão] por concorrência e, como dizem, por combinação de muitos fatores, por exemplo: "se este estiver no horóscopo, aquele no meio do céu, outro no fundo do céu, e os outros em outras posições, a consequência[77] é tal".

// Tal então parece ser o caráter do método Caldaico;[78] assim, [agora] que isto [já] foi exposto, o que resta é fácil: compreender e prosseguir com as refutações a serem oferecidas. Mas alguns, contudo, tentam argumentar, um tanto quanto grosseiramente, que as coisas terrestres não simpatizam absolutamente com as celestes: // pois a abóbada [celeste] não é unida como o corpo humano, de tal forma que, assim como as partes de baixo [do corpo] simpatizam com a cabeça e a cabeça com as partes de baixo, da mesma maneira as coisas terrestres [simpatizariam] com as celestes, mas há uma [certa] diferença e antipatia entre estas [coisas], uma vez que não possuem uma única e idêntica [forma] de unificação. // Outros, por outro lado, empregam o argumento sobre o destino: pois se, de fato, nem todas as coisas ocorrem de acordo com o destino, não há [arte] Caldaica, que sustenta [precisamente] isso. E não foram poucos

25

736 (R ''' 346) ΠΡΟΣ ΜΑΘΗΜΑΤΙΚΟΥΣ Ε.

46 οἱ κἀκεῖνο συνερατῶντες. ἐπεὶ τῶν γινομένων τὰ μὲν
κατ᾽ ἀνάγκην γίνεται τὰ δὲ κατὰ τύχην τὰ δὲ παρ᾽ ἡμᾶς,
πάντως οἱ Χαλδαῖοι, εἰ δυνατῆς ἐφίενται προρρήσεως,
ἤτοι ἐν τοῖς κατ᾽ ἀνάγκην ποιήσονται τὰς προαγορεύσεις
5 ἢ ἐν τοῖς κατὰ τύχην ἐκβαίνουσιν ἢ ἐν τοῖς παρ᾽ ἡμᾶς.
47 καὶ εἰ μὲν ἐν τοῖς κατ᾽ ἀνάγκην, ἀνωφελεῖς εἰσὶν ἐν τῷ
βίῳ· τὸ γὰρ κατ᾽ ἀνάγκην συμβαῖνον οὐκ ἔστιν ἐκκλῖται,
ἀλλ᾽ ἐάν τε θέλωμεν ἐάν τε μὴ θέλωμεν, ἐκβῆναι δεῖ τὸ
τοιοῦτο. τότε δ᾽ ἂν χρειώδης ἐτύγχανεν ἡ πρόρρησις, εἰ
10 πρὸς τὴν ἔκκλισιν αὐτοῦ τὴν ἀναφορὰν ἐλάμβανεν. εἰ
δ᾽ ἐν τοῖς τυχηροῖς, ἀδύνατόν τι ἐπαγγέλλονται· ἄστατα
γὰρ τὰ τυχηρῶς γινόμενα, τῶν δὲ ἀστάτων καὶ ἄλλοτε
ἄλλως ἐκβαινόντων οὐκ ἔνεστιν ἑστῶσαν ποιεῖσθαι τὴν
48 προαγόρευσιν. λείπεται οὖν ἐν τοῖς παρ᾽ ἡμᾶς γιγνομέ-
15 νοις αὐτοὺς ποιεῖσθαι τὰς προρρήσεις. ὃ πάλιν ἀμήχα-
νον· τὸ γὰρ ἐπ᾽ ἐμοὶ κείμενον ἐκβῆναι ἢ μή, καὶ τὸ μὴ
ἔχον ἀρχῆθεν προκαταβεβλημένην αἰτίαν, οὐκ ἂν δύναιτό
τις προλέγειν. οὐκ ἄρα δυνατῆς ἐφίενται προρρήσεως οἱ
Χαλδαῖοι.

49 Οἱ μὲν οὖν πλείους διὰ τοιούτων τινῶν ἀκροβολισμῶν
πειρῶνται τὴν Χαλδαϊκὴν μέθοδον ἀναιρεῖν· ἡμεῖς δὲ
κατὰ τὸν ὅμοιον τῆς ἐπιχειρήσεως τρόπον τὰς ἀρχὰς καὶ
ὥσπερ ''' στοιχεῖα ταύτης κινήσαντες ἕξομεν αὐταῖς καὶ
τὴν τῶν λοιπῶν θεωρημάτων σύστασιν ἠθετημένην.

50 Ἀρχὴ τοίνυν καὶ ὥσπερ θεμέλιος τῆς Χαλδαϊκῆς ἐστὶ
τὸ στῆσαι τὸν ὡροσκόπον· ἀπὸ τούτου γὰρ τὰ λοιπὰ
τῶν κέντρων λαμβάνεται, τά τε ἀποκλίματα καὶ αἱ ἐπα-
ναφοραὶ τά τε τρίγωνα καὶ τὰ τετράγωνα καὶ οἱ κατ᾽ αὐτὰ
σχηματισμοὶ τῶν ἀστέρων, ἀπὸ δὲ πάντων τούτων αἱ
51 προαγορεύσεις. ὅθεν ἀναιρεθέντος τοῦ ὡροσκόπου κατ᾽ ἀ-
νάγκην οὐδὲ τὸ μεσουρανοῦν ἐστὶν ἢ δῦνον ἢ ἀντιμεσου-
ρανοῦν γνώριμον· τούτων δὲ ἀκαταληπτουμένων συνα-

---

9. τόδε V. 13. ἔστιν FG. 24. συνηθετημένη? nisi cum
GH pro αὐταῖς legatur αὐτῆς. 26. στῆναι L : cf. Dorvill. Charit. p. 671. 27. αἱ om L.

26

Contra os astrólogos

os que propuseram o seguinte: // uma vez que, dentre as coisas que ocorrem, algumas se dão por necessidade, outras por acaso, e outras, [ainda,] por nossa [ação], certamente os Caldeus, se almejam uma previsão eficaz, farão predições sobre as [coisas que se dão] ou por necessidade, ou por acaso, ou por nossa [ação]. // Se, por um lado, fazem [acerca do que se dá] por necessidade, [as previsões] são inúteis para a vida; pois não se pode evitar o que ocorre por necessidade, mas, queiramos ou não queiramos, tal coisa deve acontecer. A previsão[79] seria útil, portanto, somente se fizesse referência a um meio para evitá-la. Mas se, por outro lado, [fazem acerca do que se dá] por acaso, eles professam algo impossível; pois os acontecimentos casuais são instáveis e não é possível fazer uma predição sólida de [coisas] instáveis e que ocorrem ora de um modo, ora de outro. // Resta então [dizer] se fazem suas previsões acerca do que se dá por nossa [ação]. O que mais uma vez é impossível; pois, o que de mim depende para ocorrer ou não, e que não tem desde o início uma causa predeterminada, ninguém seria capaz de prever. Assim, os Caldeus não atingem[80] uma previsão eficaz.

// Muitos então tentam destruir o método Caldaico por meio de escaramuças desse tipo. Mas nós, de acordo com [aquele nosso] mesmo modo [usual] de ataque, colocando em cheque os seus princípios e os seus assim chamados "elementos",[81] teremos destruído, <junto> com eles, a consistência do restante das suas teorias.

// Pois bem, o princípio e, por assim dizer, o fundamento da [arte] Caldaica é a fixação do horóscopo; pois a partir [do horóscopo] o restante dos ângulos é apreendido, e também as casas cadentes e sucedentes, assim como os triângulos e quadrados e, de acordo com estes, a configuração dos astros e também, a partir disso tudo, as predições.[82] // Desse modo, uma vez destruído o horóscopo, necessariamente o meio do céu não será conhecido, nem o descendente, nem o fundo do céu; e assim, sendo tais coisas inapreensíveis,[83]

Sexto Empírico

ΠΡΟΣ ΑΣΤΡΟΛΟΓΟΥΣ. (F "'347) 737

φανίζεται πᾶσα ἡ Χαλδαϊκὴ μέθοδος. ὅτι δὲ ἀνεύρετον 52
αὐτοῖς ἐστὶ τὸ ὡροσκοποῦν ζώδιον, ποικίλως ἔνεστι διδάσκειν. ἵνα γὰρ τοῦτο καταληφθῇ, δεῖ πρῶτον μὲν τὴν
γένεσιν τοῦ πίπτοντος ὑπὸ τὴν ἐπίσκεψιν βεβαίως κατειλῆφθαι, δεύτερον δὲ τὸ διασημαῖνον ταύτην ὡροσκόπιον 5
ἀπλανὲς ὑπάρχειν, τρίτον δὲ τὴν ἀναφορὰν τοῦ ζωδίου
πρὸς ἀκρίβειαν συνῶφθαι. ἐπὶ μὲν γὰρ τῆς ἀποτέξεως 53
ἡ ἀναφορὰ τοῦ κατ' οὐρανὸν ἀνίσχοντος ζωδίου τετήρη-
ται, καθάπερ διακόνῳ πρὸς τὴν τήρησιν τοῦ ὡροσκόπου
χρησαμένων τῶν Χαλδαίων· ἐπὶ δὲ τῇ ἀναφορᾷ ὁ συσχη- 10
ματισμὸς τῶν ἄλλων ἀστέρων, ὅπερ διάθεμα καλοῦσι,
καὶ ἐπὶ τῷ διαθέματι αἱ προαγορεύσεις. οὔτε δὲ τὴν γέ- 54
νεσιν τῶν ὑπὸ τὴν ἐπίσκεψιν πιπτόντων λαμβάνειν δυνατόν ἐστιν, ὡς παραστήσομεν, οὔτε τὸ ὡροσκόπιον ἀπλανὲς
καθέστηκεν, οὔτε τὸ ἀνίσχον ζώδιον πρὸς ἀκρίβειαν κατα- 15
λαμβάνεται. τοίνυν ἀσύστατός ἐστιν ἡ τῶν Χαλδαίων
μέθοδος. λέγωμεν δὲ περὶ τοῦ πρώτου πρῶτον. 55

Τὴν δὴ γένεσιν τῶν ὑπὸ τὴν ἐπίσκεψιν πεσουμένων
ἀρχαικώτερον ἤτοι ἀπὸ τῆς τοῦ σπέρματος καταβολῆς καὶ
συλλήψεως λαμβάνουσιν ἢ ἀπὸ τῆς ἐκτέξεως. ἀλλ' ἀπὸ 20
μὲν τῆς τοῦ σπέρματος καταβολῆς καὶ συλλήψεως οὐκ ἂν
εἴποιεν· ἀκατάληπτος γάρ ἐστιν ὁ ἀκριβὴς ταύτης χρόνος.
καὶ εἰκότως· οὐ γὰρ ἔχομεν λέγειν εἴτε ἅμα τῇ θέσει τοῦ 56
'''σπέρματος γέγονεν ἡ σύλληψις εἴτε καὶ μή. δύναται
μὲν γὰρ καὶ ἅμα νοήματι τοῦτο συμβαίνειν, ὥσπερ καὶ 25
τὸ προσαχθὲν τοῖς διαπύροις τῶν κλιβάνων στέαρ (τοῦτο
γὰρ εὐθὺς κολλᾶται), δύναται δὲ καὶ μετὰ χρόνον, ἐπείπερ 57
καὶ τὰ εἰς τὴν γῆν καταβαλλόμενα τῶν σπερμάτων οὐκ
εὐθὺς ῥιζοβολοῦντα συμπλέκεται ταῖς ὑποκειμέναις βώλοις.
καὶ διαστήματος δὲ ὄντος ἀπὸ τοῦ στόματος τῆς μήτρας 30
μέχρι τοῦ πυθμένος, ἔνθα καὶ τὰς συλλήψεις λέγουσι γίνεσθαι ἰατρῶν παῖδες, πάντως ἐν χρόνῳ τινὶ τὸ διάστημα

---

4. 13. 18. σκέψιν CRX.   6. τρόπον C.   7. ἀποτάξεως CSV.
13. ἐπὶ L.   17. λέγομεν GH.   δὴ CRVX.   20. ἐκτάξεως V.
21. τῆς om C.   25. μὲν om V.   ὥστε C.   26. στέας VX.

Sext. Emp.   47

Contra os astrólogos

todo o método Caldaico desaparece junto com elas. // E é possível explicar de várias maneiras que, para eles, o signo do horóscopo permanece sem ser descoberto.[84] Pois para isso [i.e. o signo] ser apreendido,[85] é preciso, primeiro, que o momento do nascimento [da pessoa] sob investigação[86] seja seguramente apreendido;[87] segundo, que o sinal que marca o despontar desse [signo] seja infalível;[88] terceiro, a ascensão do signo deve poder ser vista com precisão. // Pois, no momento do parto, a ascensão do signo que surge no céu é observada, assim, como auxílio, os Caldeus se servem disso para a observação do horóscopo; e, depois dessa ascensão, a configuração dos outros astros, que chamam de "tema" e, depois do tema,[89] as predições. // Porém, o momento do nascimento [da pessoa] sob investigação[90] não é possível de ser apreendido, como mostraremos, nem o horóscopo é infalível, nem o signo que surge é apreendido com precisão. Assim, o método Caldaico é incoerente.[91] // Agora falemos acerca do primeiro argumento.[92]

Pois bem, eles tomam o dia do nascimento da [pessoa] sob investigação de modo primitivo, ou a partir da deposição do esperma[93] e da concepção, ou a partir do parto.[94] Mas não podem dizer que é a partir da deposição do esperma e da concepção: pois esse momento preciso é inapreensível.[95] // E justamente: pois não temos como dizer se a concepção se dá no mesmo momento da colocação do esperma,[96] ou não. Pois isso pode ocorrer tão rápido quanto o pensamento, como [acontece] quando se coloca massa[97] nas partes ardentes dos fornos (e ela gruda imediatamente), // mas pode [ocorrer] também, por outro lado, depois de um tempo, tendo em vista que as sementes lançadas na terra não enraízam e entrelaçam-se instantaneamente no solo profundo. E, havendo uma distância entre a entrada do útero e seu fundo, onde os discípulos dos médicos[98] dizem que a concepção se dá, forçosamente

Sexto Empírico

738 (F'''348) ΠΡΟΣ ΜΑΘΗΜΑΤΙΚΟΥΣ Ε.

τοῦτο ποιεῖν πέφυκεν ἡ καταβαλλομένη τοῦ σπέρματος
58 φύσις. οἱ δὲ τούτου ἀγνοοῦντες τὴν ποσότητα τοῦ χρόνου
κατὰ τὸ ἀκριβὲς Χαλδαῖοι τὴν σύλληψιν οὐδέποτε κατα-
λήψονται. τοῦ σπέρματος ὁτὲ μὲν εὐθυβολουμένου καὶ
5 αὐτοῖς προσπίπτοντος ὑφ' ἓν τοῖς εὐφυῶς ἔχουσι πρὸς
σύλληψιν τῆς μήτρας τόποις, ὁτὲ δὲ πολυσπόρως ἐμπίπ-
τοντος, ὑπ' αὐτῆς δὲ τῆς ἐν τῇ μήτρᾳ δυνάμεως εἰς ἕνα
τόπον συνάγεσθαι δυναμένου, τῶν ἀγνώστων τὸ πότε
γίγνεται τὸ πρῶτον καὶ πότε τὸ δεύτερον, πόσος τε ὁ εἰς
10 ἐκείνην τὴν σύλληψιν ἀναλισκόμενος χρόνος καὶ πόσος ὁ
59 εἰς ταύτην. ἀγνοουμένων δὲ τούτων οἴχεται καὶ ἡ πρὸς
ἀκρίβειαν τῆς συλλήψεως κατάληψις. εἴπερ τε, ὥς τινες
τῶν φυσικῶν εἰρήκασιν, ἑψόμενον πρῶτον καὶ προμετα-
βάλλον ἐν μήτρᾳ τὸ σπέρμα τότε προσέρχεται τοῖς ἀνα-
15 στομωθεῖσιν αὐτῆς ἀγγείοις, αὐτόθεν οὐκ εἰδότες τὴν
ποσότητα τοῦ τῆς μεταβολῆς χρόνου οὐκ εἴσονται οὐδὲ
60 τὸν τῆς συλλήψεως καιρόν. καὶ μὴν ὥσπερ κατὰ τὰ
λοιπὰ μέρη τοῦ σώματος ἐν ταῖς τῶν μερῶν ἐνεργείαις
διαφέρουσιν ἀλλήλων αἱ γυναῖκες, οὕτως εἰκὸς αὐτὰς καὶ
20 κατὰ τὴν τῆς μήτρας ἐνέργειαν διαφέρειν, τὰς μὲν θᾶττον συλλαμβανούσας τὰς δὲ βράδιον. καὶ οὐ παράδοξον,
ὅτε καὶ ἑαυταῖς συγκρινόμεναι νυνὶ μὲν εὐσύλληπτοι
61 θεωροῦνται νυνὶ δὲ οὐδαμῶς. τούτου δὲ οὕτως ἔχοντος
τῶν ἀδυνάτων ἐστὶ λέγειν πρὸς ἀκρίβειαν τὸ πότε συνέ-
25 σχηται τὸ καταβληθὲν σπέρμα, ἵνα καὶ ἀπὸ τούτου τοῦ
χρόνου στήσωσιν οἱ Χαλδαῖοι τὸν τῆς γενέσεως προσκό-
62 πον. καὶ μὴν οὐδὲ ἔνεστι λέγειν ὡς διὰ σημείων τινῶν
καταλαμβάνεσθαι πέφυκεν ὁ τῆς συλλήψεως χρόνος, καθάπερ '''ἐκ τοῦ κατεξηράνθαι μὲν μετὰ τὴν μῖξιν τοὺς
30 γυναικείους κόλπους, μεμυκέναι δέ, εἰ οὕτω τύχοι, τὸ τῆς

---

2. εἰ R, εἰ ϒΧ.   τοῦτο L.   4. τοῦ] τοῦ τι? τοῦ γὰρ B.
7. ὑπ'] ἐπ' L.   8. συνάγεσθαι μὴ δυναμένου GH.   9. τὸ post πότε
om V.   17. κατὰ τὰ] καὶ τὰ CRSVX, κατὰ FG.   22. ὅτι] ὃ C.   νυνὶ]
ναοὶ C.   25. καταληφθὲν C.   26. συστήσωσιν L.

30

Contra os astrólogos

a natureza do esperma depositado necessita de algum tempo para percorrer a distância. // Porém, como essa quantidade de tempo é desconhecida com precisão, os Caldeus jamais apreenderão o momento da concepção. <Pois>, na medida em que, algumas vezes, o esperma é lançado diretamente e cai todo nos lugares do útero naturalmente capazes de conceber, e que, em outras vezes, caindo dispersamente, pode ser reunido em um único lugar pelo poder do próprio útero, não há como saber quando ocorre o primeiro caso ou o segundo e, também, quanto tempo é gasto para aquele [tipo de] concepção, e quanto para este [tipo]. // E, quando se ignoram tais coisas, desaparece também a apreensão[99] exata da concepção. Além disso, se realmente o esperma, como alguns fisiólogos[100] asserem,[101] é primeiro cozido e alterado preliminarmente no útero, e [só] depois se dirige para os vasos sanguíneos que se abrem para ele, então, como [eles] não sabem a quantidade de tempo dessa alteração, também não saberão o momento preciso[102] da concepção. // Ademais, assim como as mulheres diferem umas das outras em relação às atividades de outras partes do corpo, é verossímil[103] que difiram do mesmo modo em relação à atividade do útero, umas coletando [o esperma] mais rápido e outras mais lentamente. E não é extraordinário[104] que, quando comparadas entre si, observa-se que elas concebem ora facilmente, ora não. // Assim sendo, é impossível dizer com precisão quando o esperma depositado é concebido, para que, a partir deste momento, os Caldeus determinem o horóscopo do nascimento. // Tampouco se pode dizer que o momento da concepção é apreendido naturalmente por meio de certos sinais, [tais como,] por exemplo, a secagem das partes íntimas das mulheres após o intercurso sexual, o fechamento, caso assim ocorra,

Sexto Empírico

ΠΡΟΣ ΑΣΤΡΟΛΟΓΟΥΣ. (Ϝ 348) 739

μήτρας στόμιον, ἐπεσχῆσθαι δὲ τὴν ἔμμηνον κάθαρσιν, κίσσαν δὲ ἐπιγίγνεσθαι. πρῶτον μὲν γὰρ καὶ ταῦτα κοι- 63 νοποιεῖται τὰ σημεῖα πρὸς τὰς μὴ συνειληφυίας· εἶτα καὶ εἰ μὴ κοινοποιοῖτο, γενομένην ἤδη κατὰ πλάτος πλει- όνων ἡμερῶν διελθουσῶν σύλληψιν δηλοῖ, καὶ οὐ πρὸς 5 ἀκρίβειαν καὶ ὑπόγυιον καὶ ἐν ὡραίοις κειμένην διαστή- μασιν. χρείαν δ' ἔχουσιν οἱ Χαλδαῖοι πρὸς διάγνωσιν 64 τῶν διαφερόντων βίων οὐ τοῦ ὁλοσχεροῦς καὶ ἐν πλάτει χρόνου τῆς συλλήψεως, τοῦ δὲ πρὸς ἀκρίβειαν.

Ἀλλὰ γὰρ ἐκ τούτων πρόδηλον ὅτι οὐχ οἷόν τέ ἐστιν 10 ἀπὸ συλλήψεως τὸν ὡροσκόπον ἑστάναι. καὶ μὴν οὐδὲ 65 ἀπὸ τέξεως. πρῶτον μὲν γὰρ ἄπορόν ἐστι τὸ πότε ῥητέον ἀπότεξιν εἶναι, ἆρά γε ὁπόταν ἄρχηται προκύπτειν εἰς τὸν ψυχρὸν ἀέρα τὸ ἀποτικτόμενον, ἢ ὅταν ὀλίγον ἐξίσχῃ, ἢ ὅταν εἰς τὴν γῆν κατενεχθῇ. εἶτα οὐδὲ ἐφ' ἑκάστου 66 τούτων δυνατόν ἐστι τὸν ἀκριβῆ τῆς ἀποτέξεως χρόνον ὁρίζειν· καὶ γὰρ διὰ παράστημα ψυχῆς καὶ δι' ἐπιτηδειό- τητα σώματος καὶ πρὸς διάθεσιν τῶν τόπων καὶ δι' ἐμπει- ρίαν μαίας καὶ ἄλλας ἀπείρους προφάσεις οὐχ ὁ αὐτός ἐστι χρόνος καθ' ὃν προκύπτει τὸ τικτόμενον ῥαγέντων 20 τῶν ὑμένων ἢ ἐκτὸς ὀλίγον γίνεται ἢ εἰς τὴν γῆν κατα- φέρεται, ἀλλ' ἄλλος ἐπ' ἄλλων. ὃν πάλιν μὴ δυνάμενοι 67 ὡρισμένως καὶ ἀκριβῶς σταθμήσασθαι οἱ Χαλδαῖοι ἐκπε- σοῦνται τοῦ δέοντος τὴν τῆς ἀποτέξεως ὥραν ὁρίζειν.

Ὅτι μὲν οὖν τὸ ὅσον ἐπὶ τοῖς τῆς ἀποτέξεως χρόνοις 25 ἐπαγγέλλονται μὲν τὸν ὡροσκόπον γινώσκειν Χαλδαῖοι, οὐκ ἴσασι δέ, ἐκ τούτων συμφανές· ὅτι δὲ οὐδὲ τὸ ὡρο- 68 σκόπιον ἀπλανές ἐστιν αὐτοῖς, πάρεστι κατὰ τὸν ὅμοιον ἐπιλογίζεσθαι τρόπον. ὅταν γὰρ λέγωσιν ὅτι ὁ παρεδρεύων τῇ ὠδινούσῃ τὴν ἀπότεξιν δίσκῳ σημαίνει τῷ ἐπὶ τῆς 30 ἀκρωρείας ἀστεροσκοποῦντι Χαλδαίῳ, κἀκεῖνος εἰς οὐρα-

---

2. κοινῇ ποιεῖται R, ποιεῖται C. 4. γινόμενον L. 6. ὑπόγυον V, ὑπόγυιον CR. 12. τάξεως et 13. ἀπόταξιν et 16. ἀποτάξεως V. 22. in aliis Fabricius, ἐπ' ἄλλῳ L. δ L. 23. σταθμήσεσθαι C. 24. δέοντος C.

47 *

Contra os astrólogos

da abertura do útero, a cessação do fluxo mensal, e a ocorrência dos desejos [da gravidez]. // Pois, em primeiro lugar, estes sinais [também] são compartilhados pelas [mulheres] que não conceberam; e, em segundo lugar, ainda que não fossem compartilhados, eles evidenciam, grosseiramente, que a concepção já aconteceu [após] já transcorridos vários dias, não sendo [a concepção] determinada com exatidão, imediatez e dentro do intervalo de uma hora. // Contudo, para o diagnóstico das diferentes vidas, os Caldeus precisam estabelecer o tempo de concepção não de modo aproximado e grosseiro, mas de forma exata.[105]

Pois então, a partir dessas considerações, é evidente[106] que não é possível estabelecer o horóscopo a partir da concepção. // E tampouco a partir do nascimento. Pois, em primeiro lugar, é problemático[107] o momento em que se deve dizer que se deu o nascimento, se é quando o recém-nascido começa a emergir para o ar frio, ou quando saiu todo, ou quando é depositado [sobre] a terra. // Em segundo lugar, nem mesmo em cada um desses [casos] é possível determinar o momento preciso do nascimento; pois, por causa da presença da alma,[108] da boa condição do corpo,[109] da predisposição das partes [genitais][110] e da experiência da parteira, e de outros infinitos motivos, o próprio momento em que, despontando, o recém-nascido rompe o âmnio,[111] ou sai todo, ou é depositado [sobre a terra] não é o mesmo, mas diferente em diferentes [situações]. // E como, novamente, os Caldeus não são capazes de determinar [esse momento] de modo definitivo e exato, falharão em adequadamente determinar a hora do nascimento.[112]

Assim sendo, a partir dessas considerações, está claro que, na medida em que depende do momento do nascimento, os Caldeus professam conhecer o horóscopo, mas na verdade não sabem [medir o momento do nascimento]; // e, da mesma maneira, é possível concluir que o horológio deles também não é infalível. Pois quando dizem que o auxiliar da parturiente sinaliza o nascimento com um gongo para o Caldeu que observa os astros em cima do monte,

Sexto Empírico

740 (F '''349) ΠΡΟΣ ΜΑΘΗΜΑΤΙΚΟΥΣ Ε.

νὸν ἀποβλέπων ἐπισημειοῦται τὸ ἀνίσχον ζῴδιον, τὸ μὲν
πρῶτον ὑποδείξομεν αὐτοῖς ὅτι τῆς '''ἀποτέξεως ἀορίστου
τυγχανούσης, καθὼς μικρῷ πρόσθεν παρεστήσαμεν, οὐδὲ
69 τὸ δίσκῳ διασημαίνειν ταύτην εὔκολον. εἶτα ἔστω καὶ
5 καταληπτὴν τυγχάνειν τὴν ἀπότεξιν, ἀλλ' οὐ γε πρὸς ἀκριβῆ χρόνον ταύτην παρασημειοῦσθαι δυνατόν ἐστιν. τὸν
γὰρ τοῦ δίσκου ψόφον ἐν πλείονι χρόνῳ καὶ ἐν συχνῷ
πρὸς αἴσθησιν δυνάμενον μερίζεσθαι κινεῖσθαι συμβέβη-
κεν ἐπὶ τὴν ἀκρώρειαν. τεκμήριον δὲ τὸ ἐπὶ τῶν ἐν τῇ
10 ὀρεινῇ δενδροτομούντων θεωρούμενον· μετὰ γὰρ ἱκανὴν
ὥραν τοῦ κατενεχθῆναι τὸν πέλεκυν ἐξακούεται ἢ τῆς
πληγῆς φωνὴ ὡς ἂν ἐν πλείονι χρόνῳ φθάνουσα ἐπὶ τὸν
70 ἀκούοντα. καὶ διὰ τοῦτο τοίνυν οὐκ ἔστιν ἀκριβῶς τοῖς
Χαλδαίοις τὸν χρόνον τοῦ ἀνίσχοντος ζῳδίου καὶ κατ' ἀ-
15 κρίβειαν ὡροσκοπούντος λαμβάνειν. καὶ μὴν οὐ μόνον
φθάνει πλείων διελθεῖν χρόνος μετὰ τὴν ἀπότεξιν, ἐν ᾧ
γίνεται ὁ ἦχος ἀπὸ τοῦ ταῖς τῆς τικτούσης ὠδῖσι παρε-
δρεύοντος ὡς ἐπὶ τὸν ἀστεροσκοποῦντα· ἀλλὰ καὶ ἐν ᾧ
οὗτος ἀναβλέπει καὶ περισκοπῶν ἐξετάζει τὸ ἐν τίνι τῶν
20 ζῳδίων ἐστὶν ἡ σελήνη καὶ τῶν λοιπῶν ἀστέρων ἕκαστος,
φθάνει ἀλλοῖον γενέσθαι τὸ περὶ τοὺς ἀστέρας διάστεμα,
τῆς τοῦ κόσμου κινήσεως ἀλέκτῳ τάχει περιφερομένης,
πρὶν τηρητικῶς παραπλάσασθαι τῇ τοῦ γεννηθέντος ὥρᾳ
71 τὰ κατ' οὐρανὸν βλεπόμενα. ἄλλως τε ἡ τοιαύτη παρα-
25 τήρησις νύκτωρ ἴσως δύναται προκόπτειν τοῖς Χαλδαίοις,
ὅτε τά τε ἐν τῷ ζῳδιακῷ βλέπεται κύκλῳ καὶ οἱ σχηματισμοὶ τῶν ἀστέρων εἰσὶν ἐμφανεῖς. ἐπεὶ οὖν τινὲς καὶ
μεθ' ἡμέραν γεννῶνται, ὅτε οὐδὲν τῶν προειρημένων δυνατόν ἐστι παρασημειοῦσθαι, μόνας δέ, εἰ καὶ ἄρα, τὰς
30 τοῦ ἡλίου κινήσεις, ῥητέον ἐπὶ τινῶν μὲν δυνατὴν εἶναι

---

1. ζῴδιον om F.　　4. τὸ] τῷ L.　　5. καταληπτικὴν GHV.
6. ταύτης CR.　　παρεπισημειοῖσθαι GHV.　　7. καὶ ἐν συχνῷ om H.
9. δὲ τῶν ἐπὶ τῇ CR, δὲ τῶν ἐπὶ τῶν ἐν τῇ X.　　12. πληγῆς φωνὴ]
φωνῆς πληγῇ C.　　14. κατ' ἀκρίβειαν om H.　　21. διάθημα GV.
22. ἀλλ' ἐκτῶ C, perpetua (ἀλήκτῳ?) H.　　30. δυνατὸν FG.

34

Contra os astrólogos

e que este, por sua vez, olhando para o céu, registra o signo que se ergue, primeiramente demonstraremos que, sendo o momento do nascimento indeterminado, como apresentamos logo atrás, tampouco é fácil sinalizar isso com um gongo. // Em seguida, mesmo que se conceda que o [momento do] nascimento é apreensível, ainda assim não é possível sinalizar isso no momento preciso. Pois o som do gongo se move para o cume da montanha em um tempo considerável, cuja duração pode ser perceptivelmente dividida em partes. Prova disso é o que se observa quando se cortam árvores na montanha; pois se vê que o som do golpe é ouvido consideravelmente depois do impacto do machado, de modo que leva bastante tempo até chegar ao ouvinte. // E então por causa disso não é [possível] para os Caldeus apreender precisamente o momento da ascensão do signo e o horóscopo com precisão. Pois, de fato, não somente transcorre um tempo considerável após o nascimento, ao longo do qual o som[113] [emitido] pelo auxiliar da parturiente chega até o que observa os astros, mas também, quando este olha para o alto e examina ao redor para descobrir em qual dos signos está a Lua e cada um dos outros astros, a [própria] disposição dos astros se torna diferente, pois o cosmos em seu movimento incessante rapidamente gira,[114] antes [mesmo] que [os Caldeus] possam observar e registrar as coisas vistas no céu no momento do nascimento. // Além disso, esse tipo de observação noturna[115] talvez possa ser bem-sucedida para os Caldeus, quando [as coisas] no círculo zodiacal são vistas e as configurações dos astros são claramente visíveis. Contudo, uma vez que alguns nascem durante o dia, quando nenhuma [das coisas] mencionada[s] acima pode ser indicada, mas somente, talvez, o movimento do Sol, deve ser dito que em alguns casos

Sexto Empírico

ΠΡΟΣ ΑΣΤΡΟΛΟΓΟΥΣ. (F'''350) 741

τὴν τῶν Χαλδαίων μέθοδον ἐπὶ τινῶν δὲ ἀδύνατον. ὅρα 72
δὲ μή ποτε καὶ νύκτωρ οὐκ ἰσχύουσιν ἀπλανεῖς διὰ παντὸς ποιεῖσθαι τὰς τῶν οὐρανίων παρατηρήσεις· πολλάκις γὰρ συννεφεῖς εἰσὶν αἱ νύκτες καὶ ἀχλυώδεις, ἀγαπη-
τὸν δὲ ἦν πάσης ἀναιρουμένης τοιαύτης προφάσεως τὸ 5
βέβαιον εὑρεῖν ἐν τῷ μαθήματι, μή τοί γε καὶ κωλύμα-
τός τινος ὄντος πρὸς τὴν ἀκριβῆ τῶν οὐρανίων κατάληψιν.

Ἀθετήσαντες δὴ καὶ τὸ κατὰ τοὺς Χαλδαίους ὡρο- 73
σκόπιον, συντόμως τε παραστήσαντες ὅτι μετὰ τῶν τῆς
'''γενέσεως χρόνων ἄληπτόν ἐστιν αὐτοῖς, ἐπὶ τὸ λειπόμε- 10
νον τῆς ὑποσχέσεως μέρος χωρῶμεν. ἐλείπετο δὲ καὶ περὶ
τῆς ἀναφορᾶς τῆς ἐν τῷ ζῳδιακῷ κύκλῳ διελθεῖν, ἀποστάντας
τῶν ἔμπροσθεν ἐκκειμένων ἡμῖν ἐλέγχων. φαμὲν τοίνυν 74
ὅτι δυσδιόριστοί εἰσιν ἀπ' ἀλλήλων, μᾶλλον δὲ ἀδυνάτως
ἔχουσι κατὰ τὸ ἀκριβὲς ὁρισθῆναι αἱ τῶν ζῳδίων μοῖραι, 15
ἀλλ' εἰκός ἐστιν ἤδη ἀνεσχηκὸς ζῴδιον δοκεῖν μήπω ἀνα-
τεταλκέναι, καὶ ἀνάπαλιν μήπω ἀνατεταλκὸς δοκεῖν ἤδη
ἀνεσχηκέναι. οὐδὲ γὰρ ἡ προειρημένη τῶν ὑδριῶν ἔφοδος 75
δύναταί τι τοῖς Χαλδαίοις παρεπικουρεῖν, ἐπείπερ καὶ
παρὰ τὸ ῥέον ὕδωρ καὶ παρὰ τὴν τοῦ ἀέρος κρᾶσιν ἀνώ- 20
μαλα τὰ τῆς ῥύσεως καὶ τῶν ἀντιπαρηκόντων τῇ ῥύσει
χρόνων. τὴν μὲν γὰρ τοῦ ὕδατος φορὰν εἰκός ἐστιν ἀνό-
μοιον γίνεσθαι κατ' ἀρχάς, ὅτε καθαρόν ἐστι τὸ ῥέον,
καὶ ἐξ ὑστέρου, ὅτε ἰλυῶδες καὶ δυσρευστότερον· τὴν δὲ 76
τοῦ ἀέρος κρᾶσιν πιθανὸν ἀχλυώδους μὲν καὶ παχυτέρου 25
ὄντος ἀντιπίπτειν τῇ ἐκρύσει, τρόπον τινὰ ἐμφράττουσαν
αὐτήν, διαυγοῦς δὲ καὶ λεπτομεροῦς καθεστῶτος συνεργεῖν μᾶλλον. καὶ αὐτὸς δὲ ὁ ἀμφορεὺς οὐχ ὡσαύτως 77
ῥυήσεται πλήρης καθεστώς, ὡσαύτως δὲ ἡμίκενος ἢ πρὸς
τῷ κενοῦσθαι τυγχάνων, ἀλλ' ὁτὲ μὲν ὀξύτερον ὁτὲ δὲ 30

---

4. εἰσὶν om C. 6. μήτι C. 8. δὲ CGHR. 9. τῶν ct 10. χρόνων R,
τὸν et χρόνον CX. 14 ὑπ' CR. 17. δοκεῖ C. 18. ὑδριῶν L.
19. ἐπείπερ] cf. Boeckh. Metrolog. p. 38. 20. δέον C. 21. τὰ τῆς
ῥύσεως καὶ] τῆς ῥύσεται C. 26. ἐκκρίσιι R, ἐκκρίσει C, ἐκκρίσιι VX,
ἐκκρύσει G. ἀντιφράττουσα CRX.

Contra os astrólogos

o método Caldaico é possível; em outros casos, impossível. // Mas note que, às vezes, mesmo de noite, [eles] não são capazes de fazer observações totalmente inequívocas das coisas celestes: pois amiúde as noites estão nubladas e enevoadas, e alguém poderia se dar por satisfeito, uma vez suprimida toda circunstância [adversa] desse tipo, se encontrar algo estável nessa disciplina, mas esse certamente não é o caso, havendo um obstáculo para a apreensão precisa das [coisas] celestes.[116]

// Pois bem, tendo então rejeitado o horóscopo dos Caldeus, e [depois de] termos mostrado brevemente que o momento do nascimento é inapreensível para eles, nos dirijamos [agora] para a parte restante de [nossa] promessa.[117] Restava [ainda] tratar da ascensão [dos astros] pelo círculo zodiacal, desconsiderando a nossa refutação[118] exposta anteriormente. // Digamos, portanto, que as partes do signo são difíceis de delimitar umas das outras, e mais, que é impossível defini-las com precisão,[119] mas é verossímil que um signo que já se ergueu pareça não ter surgido ainda e, inversamente, que um que ainda não se ergueu pareça já ter se erguido. // Pois nem o procedimento mencionado anteriormente de medir [o horológio] pela água pode oferecer alguma ajuda aos Caldeus, uma vez que, em virtude do fluxo da água e da mistura do ar, o fluxo e o tempo paralelamente transcorrido para tal fluir são irregulares.[120] Pois, por um lado, quanto ao movimento da água, é verossímil que venha a ser diferente no começo, quando o fluxo é límpido, e no final, quando [a água] está lamacenta e de fluxo difícil; // é provável que, quando está turvo e denso, oponha resistência ao fluxo, funcionando como uma barreira, mas também o facilite, quando está mais límpido e fino. // E a própria ânfora não deixará fluir do mesmo modo quando estiver cheia, quando estiver meio vazia ou perto de esvaziar-se, mas ora mais rápida,

742 (F‴351) ΠΡΟΣ ΜΑΘΗΜΑΤΙΚΟΥΣ Ε.

βραδύτερον ὅτὶ δὲ μέσως, τῆς οὐρανίου φορᾶς ἰσοταχὶς
78 διὰ παντὸς ἐλαυνομένης. τὸ δὲ πάντων κυριώτατον, ἕκαστον τῶν ζῳδίων οὐ συνεχές ἐστι σῶμα, οὐδ' ὥσπερ ὡμο-
λογημένον τῷ πρὸ ἑαυτοῦ καὶ μεθ' αὐτὸ συνῆπται μη-
5 δεμιᾷ μεταξὺ πιπτούσης διαστάσεως, ἀλλ' ἐκ διεσπαρμένων ἀστέρων συνέστηκε καὶ μεταξύτητάς τινας ἐχόντων
καὶ διαλείμματα, τοῦτο μὲν κατὰ τὴν μεσότητα τοῦτο δὲ
79 πρὸς τοῖς πέρασιν. ὅθεν πάντως, ἀριθμητοῖς μορίοις
τῶν ἐν τῷ κύκλῳ ζῳδίων περιγραφομένων, πλάνην ἀναγ-
10 καῖόν ἐστι γίγνεσθαι τοῖς ἀπὸ τῆς γῆς παρατηροῦσι, λαν-
θάνοντος αὐτοὺς τοῦ προσπίπτοντος διαλείμματος, εἴτε
τοῦ προηγουμένου ζῳδίου πέρας ἐστὶν εἴτε τοῦ ἐπανιόντε
80 ἀρχή. οἱ δὲ λόφοι ἀφ' ὧν αἱ ἀστεροσκοπίαι γίνονται, οὐχ
οἱ αὐτοὶ πάντοτε διαμένουσιν, ἀλλὰ κατὰ μοῖραν ἑτεροιον-
15 μένου καὶ μεταβάλλοντος τοῦ κόσμου ἤτοι κατακλυσμοῖς
‴ἐξ ὄμβρων ἢ σεισμοῖς γῆς ἢ ἄλλοις τισὶ τοιούτοις παθή-
μασιν ἐνοχλοῦνται, ὥστε καὶ παρὰ τὴν τούτων ἐξαλλαγὴν
μὴ τὰς αὐτὰς γίνεσθαι τῶν ἀστέρων παρατηρήσεις. ἀλλ'
ἑτέραν μὲν τὴν ἀφ' ὕψους συμβαίνειν παρατήρησιν δια-
20 φέρουσαν δὲ τοῖς ἀπὸ χθαμαλοῦ βλέπουσι, καὶ τὸ ἐκείνοις
81 ὀφθὲν μὴ πάντως καὶ τοῖς ἄλλοις τεθεωρῆσθαι. συμ-
παραλάβοι δ' ἄν τις ἐνταῦθα καὶ τὴν τῶν αἰσθήσεων
παραλλαγήν· ἄλλοι γὰρ ἄλλων εἰσὶν ὀξυωπέστεροι, καὶ
ὃν τρόπον τὸ μηδέπω βλεπόμενον ἡμῖν διὰ ποσὴν ἀπό-
25 στασιν, τοῦτο ὡς μέγιστον κατειλήφασιν αὐτοί τε καὶ
ἱέρακες δι' ὑπερβολὴν ὀξυωπίας, οὕτω τὸ ἀνίσχον ἤδη καὶ
ὡροσκοποῦν ζῴδιον ἐκ μακροῦ διαστήματος τῷ μὴ ὀξυω-
ποῦντι Χαλδαίῳ πιθανόν ἐστιν ὡς μηδέπω ἀνατεταλκὸς
82 δοξάζεσθαι, καὶ κατὰ σύγκρισιν ἀμβλυωποῦντι. προσθε-
30 τέον δὲ τούτοις ὡς ἐναργέστατον τῆς Χαλδαϊκῆς ἔλεγχον
καὶ τὴν περὶ τῷ ὁρίζοντι τοῦ ἀέρος διαφοράν· εἰκὸς γὰρ

---

4. μετ' αὐτὸ L. 7. διαλήμματα V. 8. ἀριθμητοῖς om M.
9. ὢν V.· τῷ om C. περιγραφόμενος CH, περιγραφομένου GH.
13. ἀστεροσκοπίαι C. 18. τῶν ἀστέρων γίγνεσθαι FV. 19. τὴν
τοῖς? 25. ἀοί C. 28. δυνατόν CHAX: cf. p. 746 27.

Contra os astrólogos

ora lenta e ora medianamente, enquanto o movimento do céu se dá sempre em uma velocidade uniforme. // Mas o mais importante de tudo [é que] cada um dos signos não é um corpo contínuo, nem está em contato, como se estivesse conectado, com o que se lhe sucede e com o que se lhe antecede, sem nenhum intervalo vazio no meio, mas é composto por estrelas dispersas, que possuem certos intervalos e interstícios [entre si], com uma [estrela] no meio e outras nas extremidades.[121] // Portanto, visto que os signos no círculo estão circunscritos por porções enumeráveis, é absolutamente necessário que os que observam desde a terra incorram em erro, [pois] escapa-lhes se o intervalo em questão é o limite do signo precedente ou se [é] o começo do que advém. // E os cumes nos quais se dão as observações das estrelas não permanecem sempre os mesmos, mas, de acordo com o destino do cosmos, alteram-se e modificam-se, por causa ou de inundações advindas de tempestades, ou por tremores de terra, ou por outros problemas como esses, de modo que, devido a tais mudanças, as observações dos astros não são as mesmas, mas enquanto os que estão no alto fazem certa observação, os que observam do solo fazem outra bem diferente, e o que os primeiros veem não necessariamente os segundos contemplam. // E aqui alguém pode considerar a diferença[122] entre as percepções sensíveis;[123] pois alguns possuem a vista mais aguçada do que outros, e, do mesmo modo que [algo] ainda não visto por nós por estar a uma grande distância é apreendido como grande por águias e falcões por causa da sua extrema acuidade visual, da mesma maneira é provável que um signo que já surgiu e que é o horóscopo, a uma grande distância, pareça não ter surgido ainda para um Caldeu, que tem a vista pouco aguçada e, comparativamente, fraca.[124] // Mas a esses [argumentos] deve-se acrescentar, como a mais evidente refutação[125] à [arte] Caldaica, a variação do ar do horizonte; pois, quando ele está constituído de partes densas, é verossímil que, por conta da reflexão da imagem,

Sexto Empírico

ΠΡΟΣ ΑΣΤΡΟΛΟΓΟΥΣ. (F '''352) 743

ὅτι παχυμερούς αὐτοῦ καθεστῶτος κατὰ ἀνάκλασιν τῆς ὄψεως τὸ ὑπὸ γῆν ὅτι καθεστὼς ζῴδιον δοκεῖν ἤδη ὑπὲρ γῆς τυγχάνειν, ὁποῖόν τι καὶ ἐπὶ τῆς ἐφ' ὕδατος ἀντανα- κλωμένης ἡλιακῆς ἀκτῖνος γίνεται· μὴ βλέποντες γὰρ τὸν ἥλιον αὐτὸν πολλάκις ὡς ἥλιον δοξάζομεν. τὸ δὲ 83 πάντων συνεκτικώτατον, εἰ μὲν πᾶσι τοῖς κατὰ τὴν οἰκου- μένην τὰ οὐράνια παρατηροῦσιν ἕκαστον τοῦ ζωδιακοῦ δωδεκατημόριον ἰσοχρόνως ἐφαίνετο καὶ κατὰ τὴν αὐτὴν εὐθεῖαν ἐθεωρεῖτο, τάχ' ἴσως ἂν ἐδύναντο Χαλδαίων παῖ- δες παγίως λαβεῖν τὸ περὶ τὸν ὁρίζοντα ἀνίσχον ζῴδιον. ιυ νυνὶ δὲ ἐπεὶ οὐ παρὰ πᾶσιν ἰσοχρόνως ἀναφαίνεται ἀλλὰ 84 τοῖς μὲν θᾶττον τοῖς δὲ βράδιον καὶ τισὶ μὲν πλάγιον τισὶ δὲ ὀρθόν, ἐπακολουθεῖ τὸ μὴ πᾶσι τὸ αὐτὸ δοκεῖν ὡροσκοπεῖν ζῴδιον, ἀλλὰ τὸ τούτοις ἤδη δοκοῦν ἀνατε- ταλκέναι, τοῦτ' ἄλλοις ἀκμὴν ὑπόγειον ὑπάρχειν, καὶ τὸ 15 ἑτέροις φαινόμενον ἐν ἀποκλίματι τοῦ ὡροσκοποῦντος ζω- δίου, τοῦτο ἑτέροις θεωρεῖσθαι ὡροσκοποῦν. καὶ ὅτι ταῦθ' 85 οὕτως ἔχει, πρόδηλον ἐκ τοῦ καὶ τοὺς ἀπλανεῖς ἀστέρας, καθάπερ ἀρκτοῦρον καὶ κύνα, μὴ κατὰ τὸν αὐτὸν χρόνον τοῖς ἐν παντὶ κλίματι κατοικοῦσι φαίνεσθαι ἀλλ' ἄλλοις 20 κατ' ἄλλον.

Ὅτι μὲν οὖν οὐκ ἐνδέχεται κατ' ἀκρίβειαν τὸ ὡρο- σκοποῦν ζῴδιον λαβεῖν, διὰ δὲ τοῦτο οὐδὲ τῶν ἄλλων '''τι κέντρων, ἀφ' ὧν αἱ προαγορεύσεις γίνονται τοῖς Χαλ- δαίοις, αὐτάρκως παρεστήσαμεν. ἐκ περιουσίας δὲ λεκτέον 86 ὅτι κἂν καταληπτὸς ᾖ ὁ ἀκριβὴς τῆς τούτων ἐπαναφορᾶς χρόνος, ἐκεῖνο μὲν συμφανὲς ὅτι οὐθεὶς τῶν παραγινομέ- νων πρὸς τοὺς Χαλδαίους ἰδιωτῶν τετηρηκὼς ἐφ' ἑαυτοῦ τὸν ἀκριβῆ χρόνον παραγίνεται· πολλῆς γὰρ ἦν τεχνι- τείας τὸ πρᾶγμα, ὡς πρότερον ἐδείκνυμεν, καὶ πλέον ἢ 30 κατ' ἰδιώτην ὑπέφαινεν. ἐπεὶ οὖν ὁ Χαλδαῖος οὐκ ἐτή- 87

---

1. ὅτι] ἐνίοτε?   2. ἄδη V.   4. γὰρ om CH.   5. αὐτὸν] αὐτὸν ταύτην?   8. αὐτὴν om V.   14. ὡροσκοποῦν CH.   ἀλλὰ καὶ τὸ PG.   18. ἀπλανεῖς] ἀπλοῦς V, ἀπλαῖς X.   27. οὐδεὶς C.   31. ἐπέφαινεν C.

40

Contra os astrólogos

o signo que ainda está sob a terra pareça estar já sobre a terra, semelhante ao que ocorre quando um raio de sol é refletido sobre a água; pois, apesar de não estarmos olhando para o próprio Sol, muitas vezes supomos que <o raio> seja o Sol. // Mas, de todos [os argumentos], este é o mais determinante: se cada uma das doze partes do zodíaco aparecesse ao mesmo tempo para todos os que estão na terra observando as coisas celestes, e fosse vista na mesma linha reta, talvez assim os discípulos dos Caldeus pudessem apreender firmemente o signo que desponta no horizonte. // Agora, porém, uma vez que não aparece para todos ao mesmo tempo, mas mais rapidamente para uns e mais lentamente para outros, inclinado para alguns e reto para outros, segue-se que o mesmo signo não parece ser o horóscopo para todos, mas aquele que parece já ter surgido para alguns, para outros parece estar no ápice do fundo do céu, e aquele que para alguns parece estar na declinação do signo do horóscopo, por outros é visto como o horóscopo.[126] // E que as coisas são desse modo é evidente a partir [do fato] de que as estrelas fixas, como Arcturus e Cão, não aparecem ao mesmo tempo para os que estão situados em todas as latitudes, mas em diferentes [momentos] para diferentes [pessoas].

Que, portanto, não é possível apreender com precisão o signo do horóscopo e, consequentemente, tampouco os outros centros, a partir dos quais se dão as previsões dos Caldeus, já o demonstramos suficientemente. // Mas, ainda que seja supérfluo, pode-se dizer que, mesmo que o momento preciso da ascensão destes [signos] seja apreensível, ainda assim é evidente que nenhuma das pessoas comuns[127] que recorre aos Caldeus tenha por si própria observado corretamente o momento exato; pois, como já demonstramos, trata-se de assunto muito técnico, e a explicação parece estar além do alcance de uma pessoa comum.[128] // Assim, então, visto que o Caldeu não

Sexto Empírico

744 (F 352) ΠΡΟΣ ΜΑΘΗΜΑΤΙΚΟΥΣ Ε.

ρησε τὸν ἀκριβῆ τῆς γενέσεως χρόνον ἐπὶ ταῦθε τοῦ ἰδιώ-
του ἀλλὰ παρ' αὐτοῦ τοῦτον ἀκούει, οὑτοσὶ δὲ ὁ ἰδιώτης
τὰ μὲν δι' ἀπειρίαν τὰ δὲ καὶ διὰ τὸ μὴ πάνυ τι ἐσπου-
δακέναι περὶ τὸ πρᾶγμα πάλιν οὐκ οἶδε τὸν ἀκριβῆ χρό-
5 νον, καταλείπεται ἄρα πρόρρησιν μὲν μηδ' ἡντινοῦν βε-
βαίαν, πλάνην δὲ καὶ φενακισμὸν ἀπὸ Χαλδαϊκῆς τοῖς
ἀνθρώποις περιγίνεσθαι.

88   Εἰ δὲ ἀναστρέψαντες λέγοιεν μὴ τὸν ἀκριβῆ χρόνον
λαμβάνεσθαι ἀλλὰ τὸν ὁλοσχερῆ καὶ ἐν πλάτει, ὑπ' αὐτῶν
10 σχεδὸν ἐλεγχθήσονται τῶν ἀποτελεσμάτων· οἱ γὰρ ἐν τῷ
αὐτῷ καθ' ὁλοσχέρειαν χρόνῳ γεννηθέντες οὐ τὸν αὐτὸν
ἔζησαν βίον, ἀλλ' οἱ μὲν λόγου χάριν ἐβασίλευσαν οἱ δὲ
89 ἐν πέδαις κατεγήρασαν. οὐθεὶς γοῦν Ἀλεξάνδρῳ τῷ Μα-
κεδόνι γέγονεν ἴσος, πολλῶν κατὰ τὴν οἰκουμένην συνα-
15 ποτεχθέντων αὐτῷ, οὐδὲ Πλάτωνι τῷ φιλοσόφῳ. ὥστε εἰ
τὸν ἐν πλάτει τῆς γενέσεως χρόνον ὁ Χαλδαῖος ἐπισκέπτεται, οὐ δυνηθήσεται παγίως λέγειν ὅτι ὁ κατὰ τὸν αὐτὸν
χρόνον γεννηθεὶς εὐτυχήσει, πολλοὶ γὰρ κατὰ τὸν αὐτὸν
χρόνον τούτῳ γεννηθέντες ἐδυστύχησαν, καὶ ἀνάπαλιν ὅτι
20 ὅδε τις ἀπορήσει· οὐκ ὀλίγοι γὰρ τῶν τὸ αὐτὸ διάθεμα
90 ἐσχηκότων εὐπορώτατοι κατεγήρασαν.   καὶ μὴν οὐδὲ
μετρίως ἐλέγχειν φαίνεται τοὺς Χαλδαίους καὶ ὁ ἀναστρέ-
φων πρὸς τὴν εἰρημένην ἐπιχείρησιν λόγος. εἰ γὰρ οἱ
τὸ αὐτὸ διάθεμα τῆς γενέσεως ἔχοντες τοῖς αὐτοῖς ἀπο-
25 τελέσμασιν ἐν τῷ βίῳ περιπίπτουσι, πάντως καὶ οἱ διαφό-
ρους ἔχοντες γενέσεις διάφοροι γίνονται. ὅπερ ἐστὶ ψεῦ-
91 δος· ὁρῶμεν γὰρ πολλοὺς κατά τε ἡλικίας διαφέροντας
καὶ κατὰ μορφὰς σωμάτων καὶ κατὰ ἄλλας παμπληθεῖς
ἰδιότητας παθῶν τῷ ὁμοίῳ τέλει περιπεπτωκότας καὶ ἤτοι
30 ἐν πολέμῳ ἀπολομένους ἢ ἐν συμπτώσεσιν οἰκιῶν ἀπολ-

---

3. τον CFGR.   9. ὁλοσχερεῖ CH.   10. ἀπελεγχθήσονται CFGR.
11. χρόνῳ add CRV.   19. χρόνον ἐν τούτῳ CR.   ὅτι ὃς δέ V.
ὁ τοῖοσδέ CFGH.   20. ἀπορήσει et 21. εὐπορώτατοι H, εὐπορήσει
et ἀπορώτατοι L.   27. ἡλικίαν CF.   29. παθῶν ἰδιότητας V.
30. σύμπτωσιν C, συμπτώμασιν FGRV.

42

Contra os astrólogos

observou com precisão a hora de nascimento dessa pessoa comum, mas ouviu isso da própria pessoa, e essa pessoa, por sua vez, seja por inabilidade, seja por não prestar muita atenção no assunto, tampouco sabe ela o momento exato [do seu nascimento]; segue-se, portanto, que nenhuma predição sólida é obtida pelos homens da [arte] Caldaica, mas apenas erro e enganação.[129]

// Mas se, formulando uma objeção, disserem que o momento não é apreendido com precisão, mas de modo sumário e aproximativo, [eles] serão refutados[130] pelos próprios resultados das predições;[131] pois os que nasceram aproximadamente no mesmo momento não viveram a mesma vida, mas enquanto alguns reinaram, por exemplo, outros envelheceram em grilhões. // Em todo caso, ninguém era igual a Alexandre da Macedônia, embora muitos no mundo tenham nascido no mesmo momento que ele; tampouco a Platão, o filósofo. Sendo assim, se o Caldeu observa[132] de modo vago o tempo do nascimento, não será capaz de dizer de modo sólido que aquele que nasceu nesse momento será afortunado, pois muitos que nasceram no mesmo momento que ele foram desafortunados, e, ao contrário, que este passará dificuldades; pois não poucos dos que tiveram a mesma disposição astral[133] envelheceram em [sua] máxima abundância. // E, assim, a objeção elaborada contra o argumento acima mencionado parece refutar os Caldeus de forma nada moderada. Pois se os que possuem a mesma disposição astral ao nascer se deparam com os mesmos resultados na vida, os que possuem nascimentos diferentes certamente se tornam diferentes. // Mas isso é falso: pois vemos muitos que, sendo diferentes quanto à idade, forma do corpo e outras numerosas afecções peculiares, acabaram encontrando o mesmo fim, seja perecendo numa guerra, ou atingidos pelo desabamento de uma casa,

Sexto Empírico

ΠΡΟΣ ΑΣΤΡΟΛΟΓΟΥΣ. (F '''353) 745

φθέντας ἢ ναυαγίαις καταποντισθέντας · οἷς, εἴπερ ἔζων, πῶς ἂν ὁ Χαλδαῖος προειρήκει τὴν ἐσομένην τοῦ βίου καταστροφήν, ἄξιον '''διαπορεῖν. εἰ γὰρ ὁ μὲν ἐν τῇ ἀκίδι 92 τοῦ τοξότου γεννηθεὶς κατὰ τὸν μαθηματικὸν σφαγήσεται λόγον, πῶς αἱ τοσαῦται μυριάδες τῶν βαρβάρων ἀν- 5 ταγωνιζόμεναι πρὸς τοὺς Ἕλληνας ἐν Μαραθῶνι ὑφ' ἓν κατεσφάγησαν; οὐ γὰρ δή γε ἐπὶ πάντων ὁ αὐτὸς ἦν ὡροσκόπος. καὶ πάλιν εἰ ὁ ἐν τῇ κάλπιδι τοῦ ὑδροχόου γεννηθεὶς ναυαγήσει, πῶς οἱ ἀπὸ Τροίας ἀνακομιζόμενοι τῶν Ἑλλήνων περὶ τὰ κοῖλα τῆς Εὐβοίας συγκατεπον- 10 τώθησαν; ἀμήχανον γὰρ πάντας μακρῷ διαφέροντας ἀλλή- 93 λων ἐν τῇ κάλπιδι τοῦ ὑδροχόου γεγεννῆσθαι. καὶ μὴν οὐδὲ ἔνεστι λέγειν ὅτι δι' ἕνα πολλάκις, ᾧ εἵμαρται κατὰ πέλαγος φθαρῆναι, πάντες οἱ ἐν τῇ νηὶ συναπόλλυνται · διὰ τί γὰρ ἡ τούτου εἱμαρμένη τὰς πάντων νικᾷ, ἀλλ' 15 οὐχὶ διὰ τὸν ἕνα ᾧ εἵμαρται ἐπὶ γῆς θανεῖν πάντες περισῴζονται;   ἄλλος δέ τις ἀπορήσει καὶ περὶ τῶν ἀλό- 94 γων ζώων. εἰ γὰρ παρὰ τοὺς συσχηματισμοὺς τῶν ἀστέρων τὰ κατὰ τὸν βίον ἀποτελέσματα πέφυκεν ἐκβαίνειν, ἐχρῆν ἐν τῷ αὐτῷ τούτῳ τοῦ ζῳδίου μορίῳ κάνθωνος 20 ἅμα καὶ ἀνθρώπου γεννηθέντων τὴν αὐτὴν ἐν ἀμφοτέροις ἀκολουθεῖν τῶν βίων ἔκβασιν, καὶ μὴ τὸν μὲν ἄνθρωπον πολλάκις ἐπιφανῶς πολιτευσάμενον περισπούδαστον εἶναι τοῖς δήμοις, τὸν δὲ κάνθωνα διὰ παντὸς ἀχθοφορεῖν ἢ εἰς μύλωνας ἀπάγεσθαι.   τοίνυν οὐκ ἔστιν 95 εὔλογον πρὸς τὰς τῶν ἀστέρων κινήσεις διοικεῖσθαι τὸν βίον · ἢ εἴπερ ἔστιν εὔλογον, ἡμῖν πάντως ἀκατάληπτον.

Ἀπὸ δὲ τῆς αὐτῆς ὁρμώμενοι δυνάμεως δυσωπήσομεν αὐτοὺς καὶ ἐν οἷς συνοικειοῦν θέλουσι τοῖς τῶν ζωδίων τύποις τάς τε μορφὰς καὶ τὰ ἤθη τῶν ἀνθρώπων, 30 οἷον ὅταν λέγωσιν, ὁ ἐν λέοντι γεννηθεὶς ἀνδρεῖος ἔσται,

---

1. ναυαγίοις L.   3. μὲν om CR.   5. τῶν om C.   8. εἰ add H.
12. γεγενῆσθαι CH.   20. ἐχρῆν om C.   26. εὔλογον add V.

44

Contra os astrólogos

ou afogados num naufrágio; e, se essas pessoas sobreviveram, vale a pena questionar como o Caldeu preveria que esse seria o desfecho de suas vidas.[134] // Pois se, com efeito, quem nasceu na ponta da flecha de Sagitário[135] será morto [a flechadas], de acordo com o discurso dos especialistas,[136] como [então] tantas miríades de bárbaros que lutaram contra os Helenos em Maratona foram mortos [a flechadas]? Pois certamente o horóscopo não era o mesmo para todos eles. E <se>, novamente, quem nasceu no cântaro de Aquário sofrerá naufrágio, como os Helenos que retornavam de Troia se afogaram todos juntos ao redor das reentrâncias de Eubeia? // Pois é impossível que todos eles, que muito diferem entre si, tenham nascido no cântaro de Aquário. E tampouco é [possível] dizer que, por causa de um só, que talvez estivesse destinado a morrer em alto--mar, todos os outros na nau [deveriam] morrer junto com ele; pois por que o destino dessa [pessoa] prevaleceria sobre o de todas as outras, mas por causa de outra pessoa cujo destino é morrer em terra [firme] não se salvam todos? // Mas alguém há de levantar aporias acerca dos animais irracionais. Pois se os eventos da vida resultam naturalmente das configurações dos astros, quando um homem e um burro de carga nascem ao mesmo tempo e sob a mesma parte do signo, segue-se que, em ambos os casos, [isso] deve resultar no mesmo tipo de vida, e não, por um lado, o homem ser um aclamado chefe de estado, muito quisto pelos cidadãos, e o burro de carga, por outro lado, continuamente carregar fardos ou ser levado para os moinhos. // Por conseguinte, não é razoável que a vida seja comandada pelo movimento dos astros; ou, se é de fato razoável, é completamente inapreensível para nós.[137]

Mas, partindo do mesmo [ponto], é possível envergonhá-los quando desejam conectar as formas e características dos homens às figuras dos signos, por exemplo, quando dizem que o nascido em Leão será vigoroso,[138]

Sexto Empírico

746 (F'''354) ΠΡΟΣ ΜΑΘΗΜΑΤΙΚΟΥΣ Ε.

ὁ δὲ ἐν παρθένῳ τιτανόθριξ χαροπὸς λευκόχρως ἄπαις
96 αἰδήμων. ταῦτα γὰρ καὶ τὰ τούτοις ὅμοια γέλωτος μᾶλλον ἢ σπουδῆς ἐστιν ἄξια. πρῶτον μὲν '''γάρ, εἰ ὅτι ἄλκιμον καὶ ἀρρενωπόν ἐστιν ὁ λέων, φασὶ τὸν ἐν αὐτῷ
5 γεννώμενον ἀνδρεῖον τυγχάνειν, πῶς τὸν ταῦρον ἀναλο-
97 γοῦντα τούτῳ θῆλυ νομίζουσι ζῷον; εἶτα μετὰ τοῦτο
οἴεσθαι ζῴδιον κάλλιστον τὸν λέοντα τὸν ἐν οὐρανῷ ἀναλογίαν ἔχειν τῷ ἐπὶ γῆς· εἰκὸς γὰρ τοὺς παλαιοὺς τὰ
τοιαῦτα τῶν ὀνομάτων τίθεσθαι κατὰ ψιλὴν τὴν τοῦ χα-
10 ρακτῆρος ἐμφέρειαν, τάχα δὲ οὐδὲ κατ' αὐτὴν ἀλλ' εὐση-
98 μου χάριν διδασκαλίας. τί γὰρ ὅμοιον ἔχουσιν ἄρκτῳ οἱ
ἑπτὰ ἀστέρες, διεστῶτες ἀπ' ἀλλήλων; ἢ δράκοντος κεφαλῇ οἱ πέντε, ἐφ' ὧν φησὶν ὁ Ἄρατος
ἀλλὰ δύο κροτάφους, δύο δ' ὄμματα, εἷς δ' ὑπένερθεν
15 ἐσχατιὴν ἐπέχει γένυος δεινοῖο πελώρου.
99 οὐ μὴν ἀλλὰ καὶ ὡς ἀνώτερον ἐλέγομεν, τῶν ἐν τῷ αὐτῷ
ζῳδίῳ γεννωμένων οὔθ' αἱ μορφαί εἰσιν αἱ αὐταὶ οὔτε
τὰ ἤθη ἐστὶν ὅμοια, ἐκτὸς εἰ μὴ τὰς μοίρας εἰς ἃς ἕκαστον διαιρεῖται ζῴδιον καὶ τὰ λεπτὰ φήσουσι τῆς τοιαύτης
20 διαφορᾶς εἶναι ποιητικά. ὃ πάλιν ἐστὶν ἀδύνατον· ἐδείξαμεν γὰρ τὴν ἐν τοῖς αὐτοῖς χρόνοις τῆς ἀποτέξεως καὶ
100 ὡροσκοπήσεως ἀκρίβειαν ἀσύστατον. δυοῖν τε θάτερον·
ἢ γὰρ ὅτι λέων λέγεται τὸ ζῴδιον, καὶ ὁ γεννηθεὶς ἀνδρεῖος
γίνεται, ἢ ὅτι τραπέντος τοῦ ἀέρος ὑπὸ τοῦ κατ' οὐρανὸν
25 λέοντος τοιαῦται συμβαίνουσι καὶ περὶ τὸν ἀποτικτόμενον ἄνθρωπον διαθέσεις. ἀλλὰ διὰ μὲν τὸ λέοντα καλεῖσθαι τὸ ὡροσκοποῦν ζῴδιον οὐ πιθανὸν ἀνδρεῖον γίνεσθαι· τούτῳ γὰρ τῷ λόγῳ ἐχρῆν καὶ τοὺς τῷ ἐπιγείῳ
λέοντι συναποτεχθέντας ἢ συντραφέντας ἀνδρείους ὑπάρ-
101 χειν παρόσον λέων λέγεται τὸ ᾧ συνετράφησαν ζῷῳ. εἰ

---

1. λευκόχρους CH.   εὔπαις? Manilius certe 6 202: secundus
erit, quod mirum in virgine, partus. cuius meminit Fabricius.
3. εἰ om V.   6. μετὰ τοῦτο] ineptum est H.   10. οὐ V, om C.
13. Ἄρατος] Phaenom. 56.   16. ταύτῳ Fabricius, τούτῳ τῷ L.
18. εἰσὶν CFGR.   25. συμβαίνουσι FG.   26. μὲν] μὴ C.
29. συνταφέντας X.

Contra os astrólogos

e o em Virgem terá cabelos compridos e lisos,[139] olhos brilhantes,[140] tez branca, será sem filhos e recatado.[141] // Pois essas [asserções] e outras semelhantes são mais merecedoras de risadas do que de serem levadas a sério. Pois, em primeiro lugar, se dizem que o nascido em Leão é valente porque o leão é forte e viril, como consideram o touro um animal feminino se é análogo [ao leão]? // Depois, é tolice supor que haja qualquer analogia entre o belíssimo signo do Leão nos céus e o [animal] na terra; pois provavelmente esses nomes foram colocados pelos antigos simplesmente pela similaridade da figura, talvez nem por isso, mas para favorecer a clareza didática. // Pois o que têm de semelhante com um urso as sete estrelas, separadas umas das outras? Ou as cinco com a cabeça da serpente, como diz Arato:[142]

> Mas duas <estão> nas têmporas, duas nos olhos, e uma ocupa embaixo a extremidade da mandíbula do monstro terrível.

// Porém, as formas dos que nasceram no mesmo signo não são as mesmas, nem seu caráter é semelhante, exceto se disserem que as partes e os minutos em que cada signo é dividido são capazes de produzir diferenças. Mas isso, por sua vez, é impossível: pois já demonstramos que é inconsistente a precisão em relação aos momentos de nascimento e à observação do horóscopo. // E das duas uma: ou o signo é chamado de Leão porque o [homem] nascido [nele] se torna corajoso, ou porque, mudando o ar abaixo do Leão celeste, se produzem tais disposições que afetam a pessoa que está nascendo. Mas, por um lado, não é plausível que se torne corajoso porque o signo do horóscopo chama-se Leão; pois, por esse raciocínio, é forçoso que sejam corajosas as pessoas que foram geradas ou criadas ao mesmo tempo que um leão terrestre, tendo em vista que o animal com o qual foram criadas chama-se leão.

Sexto Empírico

ΠΡΟΣ ΑΣΤΡΟΛΟΓΟΥΣ. (F '''355) 747

δὲ διὰ τὴν τοῦ ἀέρος τροπήν, τί τοῦτο πρὸς τὴν τοῦ βίου διαφοράν; εἰς μὲν γὰρ τὸ ἰσχυρὸν τοῖς σώμασι γίνεσθαι τὸ γεννώμενον καὶ θηριῶδες τοῖς ἤθεσιν τάχα συμβάλλεται ἢ ποιὰ τοῦ ἀέρος κρᾶσις, εἰς δὲ τὸ δανείοις κατάχρεων γενέσθαι τὸ γεννώμενον ἢ ''βασιλεύειν ἢ δεθῆναι [5] ἢ σπανότεκνον ἢ σπανάδελφον ὑπάρχειν οὐδ᾽ ὁτιοῦν φαίνεται συνεργεῖν ὁ ἀήρ. καὶ πάλιν εἰ ὁ παρθένου ὡροσκο- [102] πούσης τετανόθριξ χαροπὸς λευκόχρως, δεήσει μηδένα τῶν Αἰθιόπων παρθένον ἔχειν ὡροσκοπούσαν, ἐπεὶ δώσουσιν Αἰθίοπα λευκὸν εἶναι καὶ χαροπὸν καὶ τετανότριχα, ὃ [10] πάντων ἐστὶν ἀτοπώτατον. καθόλου δέ, ἐπεὶ οὐδ᾽ ἐν- [103] δείκνυσθαι λέγουσιν αὐτοῖς τοὺς ἀστέρας τὰς τῶν ἀνθρωπίνων βίων διαφοράς, ἀλλ᾽ αὐτοὶ ταύτας συμπαρατετηρηκέναι ταῖς τῶν ἀστέρων σχέσεσι, φημὶ ὅτι εἰ μελλήσει βέβαιος πρόρρησις γίνεσθαι, δεῖ τὴν αὐτὴν τῶν ἀστέρων [15] σχέσιν μὴ ἅπαξ συμπαρατετηρηκέναι τῷ τινὸς βίῳ ἀλλὰ καὶ δεύτερον δευτέρου καὶ τρίτον τρίτου, ἵνα ἐκ τοῦ διομαλίζειν ἐπὶ πάντων τὰς τῶν ἀποτελεσμάτων ἐκβάσεις μάθωμεν ὅτι τῶν ἀστέρων τοιαύταν ἀναδεξαμένων τὸν σχηματισμὸν τόδε πάντως ἔσται τὸ ἀποβησόμενον· καὶ [104] ὃν τρόπον ἐν τῇ ἰατρικῇ ἐτηρήσαμεν ὅτι ἡ τῆς καρδίας τρῶσις αἴτιόν ἐστι θανάτου, οὐ τὴν Δίωνος μόνον τελευτὴν αὐτῇ συμπαρατηρήσαντες ἀλλὰ καὶ Θέωνος καὶ Σωκράτους καὶ ἄλλων πολλῶν, οὕτω καὶ ἐν μαθηματικῇ εἰ πιστόν ἐστιν ὅτι ὅδε ὁ συσχηματισμὸς τῶν ἀστέρων τοιού- [25] του βίου μηνυτικὸς καθέστηκεν, πάντως οὐχ ἅπαξ ἐφ᾽ ἑνὸς ἀλλὰ πολλάκις ἐπὶ πολλῶν παρετηρήθη. ἐπεὶ οὖν ὁ [105] αὐτὸς τῶν ἀστέρων συσχηματισμὸς διὰ μακρῶν, ὡς φασί, χρόνων θεωρεῖται, ἀποκαταστάσεως γινομένης τοῦ μεγάλου ἐνιαυτοῦ δι᾽ ἐννεακισχιλίων ἐνακοσίην καὶ ἑβδομήκοντα [30]

---

2. τὸν V.   3. τὸ γεννώμενον om CHR.   5. γενόμενον V.
δεηθῆναι CHVX.   8. λευκόχρους CH.   10. μελανότριχα X.
13. αὐτὸς CHV, αὐτοὺς FG.   14. μελήσει CHV.   21. ὅν om V.
24. καὶ ante ἐν om C.   25. ὁ om V.   σχηματισμὸς L.   30. ἐννακοσίων V, ἐννιακοσίων FG.

48

Contra os astrólogos

// Mas se, por outro lado, é por causa da mudança no ar, o que isso tem que ver com uma diferença na vida? Pois, embora, por um lado, certo tipo de mistura do ar talvez contribua para que o recém-nascido seja forte no corpo e de temperamento feroz, por outro lado, o ar não parece colaborar de modo algum para fazer do recém-nascido um devedor, um rei ou um prisioneiro, sem filhos ou irmãos. // E, novamente, se quem tem Virgem como horóscopo possui cabelos compridos e lisos, olhos brilhantes e tez branca, então nenhum dos Etíopes[143] deverá ter Virgem como horóscopo, uma vez que terão que conceder que ao menos um Etíope é branco, tem os olhos brilhantes e cabelos compridos e lisos; entre todas as coisas, essa é a mais estranha. // Mas, no geral, uma vez que dizem[144] que os astros não lhes indicam as diferenças nas vidas das pessoas, mas que eles mesmos observaram conjuntamente tais diferenças em relação às próprias posições dos astros, [eu] afirmo[145] que, se for produzida uma previsão sólida, a posição dos astros precisa ser observada não uma única vez em relação à vida de alguém, mas uma segunda vez em relação a uma segunda pessoa, e uma terceira em relação a uma terceira pessoa, e então, a partir da consistência de todos os efeitos resultantes, aprenderíamos que, tendo tais astros exibido tal configuração, o resultado certamente é tal e tal; // do mesmo modo que, na medicina,[146,147] observamos que um ferimento no coração é mortal, tendo sido observada não somente a morte de Díon, mas também de Théon e Sócrates[148] e muitos outros, da mesma maneira também nessa ciência [i.e. a astrologia] se é crido que tal configuração dos astros é indicativa de tal situação da vida, então isto certamente foi observado não apenas uma vez, mas muitas e em muitos [casos].[149,150] // Uma vez então que a mesma configuração dos astros é observada em grandes intervalos de tempo, como dizem, [pois] o retorno do Grande Ano[151] se dá a cada nove mil novecentos e setenta

Sexto Empírico

748 (F "356) ΠΡΟΣ ΜΑΘΗΜΑΤΙΚΟΥΣ Ε. Ζ.

καὶ ἑπτὰ ἐτῶν, οὐ φθάσει ἀνθρωπίνη τήρησις τοῖς τοσού-
τοις αἰῶσι συνδραμεῖν ἐπὶ μιᾶς γενέσεως, καὶ ταῦτα οὐχ
ἅπαξ ἀλλὰ πολλάκις ἤτοι τοῦ κόσμου φθορᾶς, εἰρήκασιν
ὥς τινες, μεσολαβούσης αὐτήν, ἢ πάντως γε τῆς κατὰ
5 μέρος μεταβολῆς ἐξαφανιζούσης τὸ συνεχὲς τῆς ἱστορικῆς
παραδόσεως.

106   Τοσαῦτα μὲν οὖν ἐστὶ καὶ τὰ πραγματικῶς δυνάμενα
λέγεσθαι πρὸς τοὺς Χαλδαίους. μεθ᾽ ἃ πάλιν ἀπ᾽ ἄλλης
ἀρχῆς σύντομον οὖσαν καὶ τὴν πρὸς τοὺς μουσικοὺς ζή-
10 τησιν ἀποδώσομεν.

3. τοῦ] τῆς τοῦ?   10. post ἀποδώσομεν CRV: σέξτου ἐμπειρικοῦ
πρὸς ἀστρολόγους ἤτοι μαθηματικούς.   14. καθ᾽ ὃν H.   16. ἐμπειρία?
17. ὀνομάζομεν CFG.   18. ψαλτηρίας V.   ἀλλὰ γὰρ κυρίως μὲν
κατὰ ταῦτα τὰ? H haec ἀλλὰ — μουσική om.   19. παρὰ τοῖς πολλοῖς?
29. δικὸν VX, εἰπεῖν CGHH.

Contra os astrólogos

e sete anos, a observação humana não será suficiente para percorrer tão grande quantidade de séculos, mesmo no caso de um só nascimento, e isso não uma vez, mas muitas, ou porque a destruição do cosmos[152] – como alguns dizem – a interrompe, ou porque certamente a transformação parcial oblitera a continuidade da transmissão da história.[153]

// Então isto é o que se pode na prática dizer contra os Caldeus. A partir daqui, tomando novamente outro ponto de partida, lançaremos nossa altercação, que será breve, contra os músicos.[154]

Comentários

1 πρόκειται ζητῆσαι. Seguimos Hervet (1569): *"propositum est quaerere"*, que é seguido de perto por Spinelli (2000): *"si tratta di indagare"*.

2 MACHADO: É interessante notar que Sexto Empírico começa a sua admoestação nos fazendo lembrar que astrologia e matemática são termos sinônimos na antiguidade clássica, o que se reflete também no título da obra astrológica que tomaremos aqui como principal objeto de comparação, o *Tetrabiblos* de Ptolomeu. Na tradição de manuscritos mais usual (Ptolomeu, 1940) encontramos o título *Tratado matemático em quatro livros*, cuja abreviação, *Tetrabiblos*, ecoa pela posteridade. Mas há uma edição crítica mais recente (Ptolomeu, 1998), baseada em outra tradição de manuscritos, na qual não aparece esse título, e sim *Apotelesmatika*. Não se sabe exatamente se Sexto e Ptolomeu foram contemporâneos ou conterrâneos, se tiveram acesso às obras um do outro ou se tiveram algum tipo de relação, mas o que se sabe é que ambos provavelmente estavam ativos no século II na filosofia e nas ciências da época, que escreviam em grego, e que, portanto, compartilhavam o mesmo "mundo".

3 συνεστώσης. LSJ: "organizada" (sobretudo quando é ligada à τέχνη, como é o caso). Mas cf. Bury (2006): *"composed"*; Hervet (1569): *"constat"*; Spinelli (2000): *"composta"*.

4 Respectivamente abordados nos livros IV e III de *Contra os Professores*.

5 τῆς... προρρητικῆς δυνάμεως. Hervet (1569): *"faculdade praedicendi"*.

6 Eudóxo de Cnido (*c.* 408-355 a.C.), matemático, notório por ter desenvolvido o Método de Exaustão e por ter comprovado relações

Sexto Empírico

de volume e área em geometria (p. ex.: as áreas dos círculos estão entre si como os quadrados dos seus raios; os volumes das esferas estão um para o outro como os cubos dos seus raios; o volume de uma pirâmide é um terço do volume de um prisma com a mesma base e altura; o volume de um cone é um terço do de seu cilindro correspondente). Em astronomia, aprimorou o calendário solar após ter viajado ao Egito. Hiparco de Niceia (190-120 a.C.), astrônomo, mecânico, matemático e cartógrafo, atuou em Alexandria e Rodes. Desenvolveu a tabela trigonométrica babilônica que dividia um círculo em 360 partes iguais, com 60 subdivisões cada, usada para criar uma divisão da Terra em meridianos e paralelos, utilizados para localizar lugares com precisão. Criou um mapa estelar com cerca de 850 estrelas e um calendário solar com margem de erro de cerca de 6 minutos. Também descobriu a Precessão dos Equinócios (cf. definição na próxima nota) e como as constelações de entrada variam. Hiparco criou, ainda, outra tabela para prever 600 anos de eclipses. A ele também se atribuem impressionantes deduções astronômicas, como a distância da Lua para a Terra – tendo afirmado que a Lua dista da Terra 59 vezes o raio da Terra (sendo o valor correto 60) – e a razão de $\frac{8}{3}$ entre a sombra da Terra e o tamanho da Lua. Celebrizou-se ainda pela criação do astrolábio e por um teorema que leva seu nome: "para qualquer quadrilátero inscritível, a razão entre as diagonais é igual à razão da soma dos produtos dos lados que concorrem com as respectivas diagonais".

7 MACHADO: Como já foi definido na introdução do livro, a precessão dos equinócios é um fenômeno contínuo de deslocamento do ponto equinocial vernal (1 grau a cada 72 anos) no sentido contrário à ordem das constelações, ou seja, a cada 2 mil anos, aproximadamente, há um movimento aparente de retrogradação de 30 graus do ponto vernal (grau zero do signo de Áries, início da primavera no hemisfério norte e do outono no sul) em relação às constelações. Com isso, signos (zodíaco tropical) e constelações (zodíaco sideral) só se encontram mais ou menos sobrepostos a cada 26 mil anos, o que não afeta em nada a astrologia de que estamos tratando aqui, já que esse sistema astrológico se baseia nos signos. Atualmente, por exemplo, o início do signo de Áries encontra-se na transição da constelação de Peixes para a de Aquário, daí a chamada "Era de Aquário".

Contra os astrólogos

Evidentemente, essa é a descrição do céu aparente, ou seja, do céu visto da Terra, porque, na verdade, trata-se do movimento do eixo de rotação da Terra, que se assemelha ao movimento de um pião parando e se dá no mencionado período de aproximadamente 26 mil anos. Esse movimento define um círculo no céu dos polos, ou seja, os polos acabam apontando para estrelas diferentes a cada época. Por exemplo, atualmente o polo norte aponta para a estrela polar.

8 MACHADO: No *Tetrabiblos*, Ptolomeu faz uma distinção entre astronomia e astrologia, referindo-se a dois tipos de prognóstico por meio da astronomia: "Das ciências que fornecem prognóstico pelo emprego da astronomia, ó Syros, duas têm mais importância e autoridade. Por meio de uma delas, primeira em ordem e poder, compreendemos as configurações usuais dos movimentos do Sol, da Lua e dos astros em relação uns com os outros e com a Terra. Por meio da segunda, investigamos as transformações concretizadas no ambiente terrestre e na atmosfera através da particularidade natural das próprias configurações" (*Tetrabiblos* I, 1). Cf. Pinheiro & Machado, 2017; 2018.

9 τήρησις. Palavra que inicialmente possuía um uso político (por exemplo, em Aristóteles, *Política*, 1308a30), significando "vigilância", "custódia" e "preservação". Em Sexto Empírico essa semântica persiste; assim, o cético sextiano é marcado pela observância dos costumes (daí os quatro pilares da vida cética, que aparecem em *Esboços Pirrônicos* I, 23). Mas também há em Sexto outra semântica, a da observação, enquanto componente da abordagem dos médicos empiristas. Semântica atestada por Galeno em, por exemplo, *Da experiência médica* VII, 3, 4, e *De sectis*, I, 72. Assim, a "observação" constitui uma etapa da terapia dos Empiristas: os usos locais são observados, e também a evolução das doenças. Esta observação/observância dos usos locais para tratamentos de doenças, que também pode ser entendida como observância dos usos, a τήρησις, é quase inócua se não for acompanhada pela "transição para o semelhante", pois é essa transição que permite que algo que foi observado como eficiente em um caso X possa ser aproveitado em um caso Y, desde que X e Y sejam semelhantes.

10 προθεσπίζειν. Esse termo se relaciona com um termo técnico da medicina, praticamente transliterado, que aparece em Hipócrates, por

exemplo, como πρόγνωσις. O termo é, inclusive, título do tratado ΠΡΟΓΝΩΣΤΙΚΟΝ.

11 περίεργος = abóbada ou atmosfera.

12 Ou "astrologia genetlíaca". Optamos aqui por introduzir um termo pouco usado em língua portuguesa, como fizemos com "gramatística" em *Contra os Gramáticos* (Unesp, 2015). O sentido geral do termo seria *"previsão com base na data de nascimento"*, mas na astrologia atual (ver a seguir) é chamado de "astrologia natal". Seguimos Hervet (1569): *"genethliacam"*. Cf. Bury (2006): *"casting of nativities"*; Spinelli (2000): *"dottrina delle natività"*. Apesar de não ser dicionarizada em português, a palavra "genetlialogia" é atestada por pesquisadores da área. O adjetivo correspondente, "genetlíaco(a)", no entanto, é dicionarizado:

(i) *The Astrology Dictionary* (disponível em: <http://theastrologydictionary.com>): "Genethlialogy is the application of astrology to the birth of individuals, in order to determine information about the nature and course of a person's life. The term is derived from the Greek word genethlialogia, which means 'the study that pertains to nativities' or 'the study that pertains to births'. Genethlialogy is more commonly known in modern times as 'natal astrology.' Please see the entry on natal astrology for more information".

(ii) Barton (1994): "Genethlialogy: natal astrology" (p.213); ver também p.179-80.

(iii) Beck (2007): "The dominant form of Greek astrology, current throughout the Roman empire, was genethlialogy. The word is unfamiliar, but both in theory and in practice the thing itself was much the same as standard horoscopic astrology today. Genethlialogy means the science of 'births.' It focuses on the celestial configurations at the time of a subject's birth or, more rarely, conception (assumed to be nine months prior to birth if not otherwise known). It claims to foretell an individual's fate, fortunes, and character on the basis of those configurations. Thus, what we call a horoscope is essentially what the Greeks called a nativity (genesis)" (p.9).

(iv) Pinheiro & Machado (2017) também usaram o termo e suas variações na tradução dos três primeiros capítulos do *Tetrabiblos* de Ptolomeu: "investigações genetlíacas e, de modo geral, sobre o caráter individual" (p.318); e também em seus comentários: "astro-

Contra os astrólogos

logia genetlíaca" (p.320, nota 63), "genetliálogo, especialista em genetlialogia ou astrólogo genetlíaco" (p.325, nota 72).

(v) Carolino (2003): "especulação que determinava, com base no mapa astral do momento do nascimento de uma pessoa, o seu temperamento e mesmo futuros eventos que esta experimentaria no decurso da sua vida (astrologia genetlíaca)" (p.27).

13 Nativos da Caldeia. "Caldeu" é o nome pelo qual na Antiguidade referiam-se ao "astrólogo".

14 πρὸς τὴν ἐπισκεπτικὴν αὐτῶν μέθοδον.

15 μάθημα.

16 αὔταρκές.

17 Apesar de "simpatia" em nosso uso comum ser algo ligado às relações pessoais ou à subjetividade, aqui συμπαθεῖν se relaciona a uma terminologia específica das ciências/filosofias antigas, especialmente no período helenístico. Assim, evitamos soluções que omitem "simpatia", como a de Hervet (1569) (*"consensionem habeant"*) e de Frenkian (1965) (*"sint in relatii de 'consimtire'"*). Seguimos Bury (2006): *"simpathize"*; Spinelli (2000): *"siano in relazione di simpatia"*; Russo (1972): *"sono in simpatia"*; e a tradução do *Tetrabiblos* de Pinheiro & Machado (2017) no passo em que Ptolomeu compara a astrologia com a medicina: "pelo emprego da medicina, a partir das simpatias e antipatias apropriadas a cada caso, eles prescrevem, o máximo possível, profilaxias das doenças futuras e terapias infalíveis das presentes" (p.328). Para o papel do conceito de simpatia nas ciências/filosofias antigas, ver Lehoux (2004): "Sympathy and antipathy are causal forces used to explain a wide range of phenomena in ancient physics... usually seen in modern sources as a characteristic doctrine of Stoicism, but it is in fact a widespread belief in antiquity, particularly in astrological sources" (p.53).

18 Homero, *Odisseia* XVIII, 136f. Ocorre também em *Esboços Pirrônicos* III, 244 e em *Contra os Lógicos* I, 128.

19 ἀστέρας.

20 MACHADO: Como definido na Apresentação, o zodíaco é a faixa do céu que se estende 8 graus acima e abaixo da eclíptica (plano da órbita da Terra), onde se encontram as constelações zodiacais. Do ponto de vista do observador terrestre, é o caminho anual do Sol em torno da Terra. As constelações zodiacais não devem ser confundi-

Sexto Empírico

das com os signos. Estas são os 12 ou 13 grupamentos de estrelas atravessados pela eclíptica, que podem ocupar espaços variados da faixa zodiacal (por exemplo, a constelação de Câncer ocupa cerca de 20 graus, e a de Escorpião, cerca de 50 graus), e através das quais o Sol e os planetas parecem se deslocar. A eclíptica divide-se em doze seções de exatamente 30 graus (os signos), a partir do ponto equinocial vernal, convencionado como o ponto inicial da eclíptica por ser o ponto de encontro com o equador celeste, e representado pelo grau 0 do signo de Áries. Quando o Sol aí se encontra, é o início da primavera no hemisfério norte, e do outono, no sul.

21 MACHADO: Partes = graus. Como já foi dito, cada signo tem exatos 30 graus.

22 MACHADO: Como dito na Apresentação, cada estação do ano corresponde a três signos, e cada um deles representa uma fase da estação: início, meio e fim. As estações começam sempre com os signos cardinais (Áries, Câncer, Libra e Capricórnio), aqui denominados "tropicais", aos quais se seguem os signos fixos (Touro, Leão, Escorpião e Aquário). O fim das estações equivale aos signos mutáveis (Gêmeos, Virgem, Sagitário e Peixes), aqui chamados "bicorpóreos". No *Tetrabiblos* (I, 11) de Ptolomeu, os signos são classificados em solsticiais ou equinociais, sólidos e bicorpóreos.

23 Doravante: Áries.

24 MACHADO: São as chamadas dodecatemórias zodiacais. Há também referências a dodecatemórias planetárias e angulares.

25 MACHADO: Como já foi dito, os signos bicorpóreros são também denominados mutáveis, os signos do fim das estações.

26 Doravante: Sagitário.

27 MACHADO: Como já foi dito, os signos tropicais são também denominados de cardinais, os signos do início das estações.

28 Doravante: Libra.

29 Doravante: Câncer.

30 Sexto Empírico toma sempre por ponto de partida o hemisfério norte.

31 κέντρα. Seguimos o termo ("ângulo") consagrado na prática astrológica e entre os pesquisadores no campo da astrologia em língua portuguesa (Machado, 2010; Avelar & Ribeiro, 2015). Vale registrar que Hervet (1569) usa *"cardines"*, contra Bury, Spinelli, Russo e Frenkien, que utilizam "centros".

Contra os astrólogos

MACHADO: Aqui Sexto está tratando dos ângulos do mapa, de seus eixos, seus principais pontos, e não de signos cardinais. Esses ângulos definem as casas 1, 4, 7 e 10, que são chamadas de "casas angulares". O horóscopo (início da casa 1) é chamado de ascendente, o poente (início da casa 7) é chamado de descendente. O oposto do meio do céu (casa 10) é o fundo do céu (casa 4). As quatro casas que precedem os ângulos são chamadas cadentes, e as quatro seguintes aos ângulos se chamam sucedentes. Ou seja, angulares são as casas 1, 4, 7 e 10; sucedentes, as casas 2, 5, 8 e 11; e cadentes, as casas 3, 6, 9 e 12.

32 ὡροσκόπον.

33 μεσουράνημα. Hervet (1569): *"medium caeli"*; Russo (1972): *"meridiano"*; Spinelli (2000): *"mediocielo"*; Bury (2006): *"mid-heaven"*.

34 δῦνον. Hervet (1569): *"occidens"*; Russo (1972) & Spinelli (2000): *"tramonto"*; Bury (2006): *"setting"*. Aqui concordamos com Russo (1972) & Spinelli (2000).

35 ὑπὸ γῆν καὶ ἀντιμεσουράνημα. Hervet (1569): *"sub terraneum et medio caeli oppositum"*; Russo (1972): *"sotterraneo e antimeridiano"*; Spinelli (2000): *"ipogeo e antimediocielo"*, Bury (2006): *"subterranean and anti-mid-heaven"*. Doravante, respectivamente, "subterrâneo" (= hipogeu) e "fundo do céu".

36 MACHADO: No horizonte leste, que é um ponto privilegiado por ser o do nascer do Sol.

37 MACHADO: Em sentido horário, oposto ao da ordem do zodíaco.

38 ἀπόκλιμα.

39 ἐπαναφοράν. Para ἀπόκλιμα e ἐπαναφοράν as opções foram: Hervet (1569): *"declinationem, successionem"*; Spinelli (2000): *"declinante, succedente"*; Bury (2006): *"declination, ascension"*. Como já foi dito em nota anterior, os termos consagrados em língua portuguesa são "cadente" e "sucedente" (Machado, 2010; Avelar & Ribeiro, 2015).

40 MACHADO: Trata-se aqui da casa 12.

41 MACHADO: Trata-se aqui da casa 11.

42 μονομοιρία, LSJ: "distribution of the planets to each degree of the zodiac".
MACHADO: Neste passo, aparentemente, Sexto Empírico cometeu um erro conceitual. Como se pode ver pela definição de "monomoiria", não faz sentido esse termo ser utilizado durante a apresentação de uma das casas (casa 9).

Sexto Empírico

43 MACHADO: Trata-se aqui da casa 9.

44 MACHADO: Trata-se aqui da casa 8.

45 MACHADO: Trata-se aqui da casa 6.

46 MACHADO: Trata-se aqui da casa 5.

47 MACHADO: Trata-se aqui da casa 3.

48 MACHADO: Trata-se aqui da casa 2. No *Tetrabiblos* (III.10) de Ptolomeu, encontramos os seguintes nomes de casas: (1) horóscopo, (2) portão do Hades, (3) deusa, (4) baixo meio do céu, (5) boa sorte, (6) má sorte, (7) ocidente, (8) início da morte, (9) deus, (10) meio do céu, (11) gênio bom e (12) gênio mau.

49 MACHADO: Aqui Sexto Empírico omite o nome da casa 2, usando apenas a qualificação de "ocioso" para se referir ao signo que ali se encontra, bem como ao da casa oposta (casa 8); e esta já havia sido denominada "princípio da morte".

50 Ou seja, seguindo o exemplo dado por Sexto, se o signo que estiver ascendendo for Câncer ("horóscopo"), o signo oposto será Capricórnio ("descendente"). Contando com Câncer incluído, o quarto signo a partir de Câncer é Áries ("meio do céu"), cujo oposto é Libra ("fundo do céu", "subterrâneo" ou "hipogeu"). Definem-se, assim, as casas angulares, respectivamente 1, 7, 10 e 4. A casa que precede o ascendente está em Gêmeos, que, portanto, é o "gênio mau" (casa 12). A casa seguinte (de frente para trás) e que sucede o "meio do céu" (Áries) está em Touro, o "gênio bom" (casa 11). Em Peixes, que antecede Áries ("meio do céu"), está a "parte inferior", ou "deus" (casa 9). Antes do "descendente", que está em Capricórnio, está a "casa ociosa" e "princípio da morte" que, no presente caso, está em Aquário (casa 8). Após o "descendente" está a casa que não pode ser vista na abóbada e é diametralmente oposta ao "gênio mau" (casa 12), que nesse caso é em Sagitário ("infortúnio" ou "castigo", casa 6). Na sequência está a casa oposta ao "gênio bom" (casa 11), que é a "boa fortuna" (casa 5, em Escorpião). O que vem após o "fundo do céu" ou "subterrâneo" (que, no presente caso, está em Libra) é a "deusa", que está em Virgem (casa 3) e se opõe ao "deus" (casa 9). Leão está "ocioso" (casa 2), do mesmo modo que seu oposto, Aquário, o "princípio de morte" (casa 8).

51 MACHADO: Sexto faz referência à *melothesia*, que é a atribuição de partes do corpo a planetas ou signos. Neste caso, trata-se de uma

Contra os astrólogos

melothesia de signos. No *Tetrabiblos* (III, 12), ao contrário, Ptolomeu apresenta somente uma *melothesia* planetária. Vale lembrar que uma das aplicações mais difundidas da astrologia ao longo da história é exatamente a medicina, por meio do raciocínio por semelhança, ou seja, da associação de ideias que traçam, por exemplo, essa correspondência entre partes do corpo, planetas e signos.

52 κατ' ἰδίαν περιγραφὴν.

53 παρατηρήσει.

54 MACHADO: Aqui fica claro que Sexto conhece a precessão dos equinócios e que sabe, ao contrário de muitos críticos hodiernos, que a astrologia de que está tratando trabalha com signos (invisíveis) e não constelações (visíveis).

55 ἔφοδος. Seguimos Spinelli (2000): *"procedimento"*; contra Bury (2006): *"method"* e Russo: *"metodo"* (1972).

56 παρατηρήσαντες.

57 ἐκ ταύτης τῆς ἀναφορᾶς. ἀναφορά, que aqui ocorre no genitivo singular, pode também ser traduzido como "ascendente", uso atestado no LSJ. Contudo, parece unânime que nenhum tradutor tenha vertido desse modo, por isso pensamos ser melhor verter por "proporção", com Hervet (1569): *"ex haec relatione"*; Bury (2006): *"from this proportion"*; Russo (1972): *"in base a questa proporzione"*; Spinelli (2000): *"da tale proporzione"*.

58 παρατετηρηκέναι.

59 ἀστεροσκοπῶν.

60 Doravante: "ambivalentes".

61 Doravante: Júpiter.

62 Doravante: Vênus.

63 Doravante: Marte.

64 Doravante: Saturno.

65 Doravante: Mercúrio.

66 MACHADO: Menção às estrelas fixas, que, ao contrário dos planetas (estrelas errantes), parecem não se movimentar, constituindo as constelações e o "pano de fundo" sobre o qual vemos os planetas se deslocarem. No modelo ptolomaico, a esfera das estrelas fixas era considerada a oitava esfera, mais alta (mais externa) em relação às sete esferas dos planetas que tinham como centro a Terra. Vale

Sexto Empírico

lembrar que ainda há uma nona esfera, a mais externa de todas, onde se representa o zodíaco.

67 MACHADO: Tendo em vista sua característica neutra ou ambivalente mencionada em nota anterior, em Ptolomeu (*Tetrabiblos* I, 7) Mercúrio é considerado noturno, quando vespertino, e diurno, quando matutino. Cf. Machado, 2010, p.90.

68 Aqui seguimos Spinelli (2000).

69 ἰδίοις οἴκοις ὑπάρχειν ἢ ὑψώμασιν ἢ ὁρίοις.

70 MACHADO: Neste passo, Sexto menciona algumas dignidades essenciais dos planetas, tradicionalmente chamadas de domicílio, exaltação e termo, e também enquadramentos, aspectos e mútua recepção, que serão detalhados mais adiante.

71 MACHADO: Os domicílios são também associados às regências. Podemos falar, por exemplo, Leão é o domicílio do Sol ou o Sol rege Leão.

72 MACHADO: Da mesma forma que falou anteriormente de algumas dignidades essenciais, aqui Sexto menciona uma debilidade essencial, chamada de "queda", que é o signo oposto ao da exaltação. Curiosamente, ele não menciona o "exílio" ou "detrimento", que é o signo oposto ao do domicílio.

73 MACHADO: Sexto menciona aqui o grau de exaltação do Sol (19 graus de Áries). No entanto, não menciona os dos outros planetas, que são os seguintes: Lua, 3 graus de Touro; Júpiter, 15 graus de Câncer; Mercúrio, 15 graus de Virgem; Saturno, 21 graus de Libra; Marte, 28 graus de Capricórnio; e Vênus, 27 graus de Peixes.

74 διαφωνία.

75 MACHADO: Essa discordância é apontada por Ptolomeu (I, 20-1), para quem os termos são divisões dos signos segundo determinados critérios. Para ele, no sistema egípcio predomina o critério de governo das casas, mas há inconsistência na ordem e na quantidade. No sistema caldaico, por sua vez, predomina o governo das triplicidades: a sequência é simples, mais plausível, porém não tão autossuficiente. Por isso ele afirma que os termos egípcios são mais dignos de crédito, tanto pela sua utilidade quanto pelos exemplos que os corroboram, mas a distribuição e o número não são explicados por seus autores. Com base num manuscrito antigo, que contém uma explicação natural e consistente para a ordem e o número, que concorda com os

Contra os astrólogos

exemplos e com a tabulação dos antigos, Ptolomeu apresenta seus próprios critérios de ordenação de número de termos, cuja tabela é a seguinte:

ÁRIES	Júpiter 6°	Vênus 14°	Mercúrio 21°	Marte 26°	Saturno 30°
TOURO	Vênus 8°	Mercúrio 15°	Júpiter 22°	Saturno 24°	Marte 30°
GÊMEOS	Mercúrio 7°	Júpiter 13°	Vênus 20°	Marte 26°	Saturno 30°
CÂNCER	Marte 6°	Júpiter 13°	Mercúrio 20°	Vênus 27°	Saturno 30°
LEÃO	Júpiter 6°	Mercúrio 13°	Saturno 19°	Vênus 25°	Marte 30°
VIRGEM	Mercúrio 7°	Vênus 13°	Júpiter 18°	Saturno 24°	Marte 30°
LIBRA	Saturno 6°	Vênus 11°	Mercúrio 16°	Júpiter 24°	Marte 30°
ESCORPIÃO	Marte 6°	Vênus 13°	Júpiter 21°	Mercúrio 27°	Saturno 30°
SAGITÁRIO	Júpiter 8°	Vênus 14°	Mercúrio 19°	Saturno 25°	Marte 30°
CAPRICÓRNIO	Vênus 6°	Mercúrio 12°	Júpiter 19°	Saturno 25°	Marte 30°
AQUÁRIO	Saturno 6°	Mercúrio 12°	Vênus 20°	Júpiter 25°	Marte 30°
PEIXES	Vênus 8°	Júpiter 14°	Mercúrio 20°	Marte 25°	Saturno 30°

76 MACHADO: Trata-se aqui dos aspectos de trígono e quadratura. Além desses, há também a conjunção, o sextil e a oposição. Os aspectos são certas distâncias consideradas significativas entre os planetas – respectivamente 120, 90, 0, 60 e 180 graus – e que definem como os planetas se "olham" e se relacionam na dinâmica do mapa.

77 MACHADO: Além da noção de "simpatia", já mencionada anteriormente, a astrologia usa a noção de "concausa" (συναίτια) dos estoicos, ou seja, de uma causa que, junto com outras, concorre para

Sexto Empírico

determinado efeito. É a respeito disso que Sexto Empírico discorre aqui. Ptolomeu (*Tetrabiblos* I, I) afirma que há várias causas que produzem o indivíduo, e não apenas a ação dos corpos celestes. Cf. Pinheiro & Machado, 2017, p.319.

78 MACHADO: Além das imprecisões já destacadas na bastante resumida apresentação que Sexto Empírico faz da teoria astrológica, há que se destacar omissões importantes para o bom entendimento da astrologia como parte da cosmologia vigente no período helenístico, sobretudo a sua base aristotélica. Segundo Roberto Martins (1995), se Ptolomeu é o pai da astrologia, Aristóteles é o avô. Em seu artigo "A influência de Aristóteles na obra astrológica de Ptolomeu (o *Tetrabiblos*)", Martins faz uma análise do *Tetrabiblos*, comparando-o com outras obras da época, e defende que a grande influência de Ptolomeu é o naturalismo de Aristóteles, considerando-se que a cosmologia aristotélica admite que eventos terrestres, como os fenômenos meteorológicos, as marés, as formações rochosas e a geração de vida na Terra, sejam afetados pelos movimentos dos corpos celestes, conforme postula a astrologia (Martins, 1995, p.51-78).

79 πρόρρησις: por vezes, mantivemos "previsão" para esse termo. Para προαγόρευσις, no geral, preferimos "predição", como no passo anterior, o 46. Hervet (1569) traduz ambos indistintamente como "*praedictionem*", mas Bury (2006), por outro lado, procura manter essa distinção: "*prophecies*" para πρόρρησις e "*forecast*" para προαγόρευσις. A tradução de Spinelli (2000) também distingue, com "*profezia*" para πρόρρησις e "*predizioni*" para προαγόρευσις.

80 ἐφίενται: optamos por algo mais literal, traduzindo por "atingem", que captura melhor esse contexto do que um possível uso de "*aim at*", por exemplo (cf. LSJ, para as formas passivas desse verbo). Ademais, preferimos "atingem" que "almejam" ou "se lançam". Hervet (1569): "*proponunt*".

81 Para a importância da abordagem Sextiana dos ofícios por meio de seus elementos (στοιχεῖα), ver: Brito, 2016; 2017.

82 MACHADO: Neste passo, temos mais um forte indício do conhecimento limitado de Sexto sobre os fundamentos da astrologia detalhadamente apresentados no *Tetrabiblos* de Ptolomeu. Para ele, o cálculo do mapa astrológico, representado pela fixação do ascendente (horóscopo) é esse fundamento, ou seja, a astrologia se restringiria

Contra os astrólogos

a ser uma ciência matemática com pretensões de exatidão absoluta; no entanto, no primeiro parágrafo do *Tetrabiblos*, fica claro para o leitor que a astrologia é uma ciência física, portanto conjectural, que lida com o mundo material em constante devir, que depende da sua irmã matemática, a astronomia, uma ciência segura e precisa, mas inútil sozinha. Isto é, a astrologia é a contrapartida física da astronomia, depende dela, mas também lhe dá sentido. Vale lembrar que estamos falando do período helenístico, de uma astronomia matemática (e não de uma astrofísica) e de uma física qualitativa, baseada nos elementos aristotélicos (fogo, terra, ar e água) e no raciocínio por semelhança, e que, portanto, como qualquer ciência física, é "menos exata" que a astronomia. "A primeira ciência [astronomia] tem a sua própria teoria, que é desejável por si, apesar de não ter a mesma eficácia que teria se estivesse combinada com a segunda. Tal ciência foi apresentada para ti, de maneira apodítica e da melhor forma possível no seu próprio tratado [*Almagesto*]. Sobre a segunda ciência, que não é tão autônoma, faremos agora uma exposição de acordo com o modo filosófico. Dessa maneira, alguém que tenha sobretudo um compromisso com a verdade não compararia a apreensão da segunda ciência com a segurança da primeira, que sempre mantém a constância dos seus resultados, e atribuiria à segunda ciência a fraqueza e a obscuridade da qualidade material presente na multiplicidade das coisas." (*Tetrabiblos* I, 1). Cf. Pinheiro & Machado, 2017; 2018.

83 Ou "incompreensíveis", ἀκαταληπτουμένων.

84 ἀνεύρετον.

85 καταληφθῇ.

86 ὑπὸ τὴν ἐπίσκεψιν.

87 κατειλῆφθαι.

88 Ou: "segundo, que o horológio que assinala esse momento seja infalível" = δεύτερον δὲ τὸ διασημαῖνον ταύτην ὡροσκόπιον ἀπλανὲς ὑπάρχειν.

89 Este é um termo técnico em astrologia, usado ainda hoje, e que é sinônimo de mapa astrológico.

90 ὑπὸ τὴν ἐπίσκεψιν, novamente.

91 MACHADO: Os termos "seguramente", "infalível" e "precisão" exemplificam o argumento apresentado em nota anterior sobre a confusão entre o caráter físico da astrologia, ciência conjectural à

Sexto Empírico

qual não se aplicam esses termos, e a sua contrapartida matemática, a astronomia; esta, sim, uma ciência matemática e considerada, portanto, segura, infalível e precisa. Ademais, se o problema da astrologia fosse apenas esse, o desenvolvimento tecnológico daria conta dele. A discussão sobre a astrologia é muito mais rica, inter-, trans- ou multidisciplinar e implicada com as visões de mundo, natureza e realidade do que julga a nossa vã filosofia.

92 πρῶτον.

93 ἀπὸ τῆς τοῦ σπέρματος καταβολῆς: "a partir da secreção do esperma". Seguimos Spinelli (2000): *"deposizione"*, e Bury (2006): *"depositing"*; pois a situação parece dizer respeito à colocação do sêmen próximo ao útero.

94 MACHADO: No *Tetrabiblos* (III, 1), Ptolomeu afirma que, se o momento da concepção for conhecido, deve-se tomá-lo como ponto de partida, pois com ele também se conhecem previamente acontecimentos anteriores ao nascimento. Caso contrário, dever-se-ia usar o momento do nascimento para determinar a natureza específica do corpo e da alma. No nascimento, que se dá sob uma conformação dos céus semelhante à que governou sua concepção e formação, a criança adquire atributos adicionais, tipicamente da natureza humana. Ou seja, a causa primária é a configuração no momento da concepção (gênese da semente humana). O momento do nascimento (gênese do homem) tem necessária e naturalmente potencialidade muito semelhante. Essa é uma passagem do *Tetrabiblos* em que se pode inferir que o sistema ptolomaico trabalha também com a noção que hoje denominamos de "sincronicidade". Cf. Pinheiro & Machado, 2017; 2018.

95 ἀκατάληπτος.

96 θέσει τοῦ σπέρματος.

97 Hervet (1569): *"fanina aqua subacta"*. Essa leitura é seguida por Spinelli (2000): *"empasto"*, que sente até a necessidade de introduzir a seguinte nota, n.14: *"la resa di* στέαρ *non è semplice; accolgo la proposta di Ferwerda (p.l.) di tradurre con "pasta/impasto" (dough); errata, in ogni caso, mi pare la scelta di Russo: 'seme'"*. Ou seja, Spinelli acolhe *"pasta/impasto"* e rejeita *"semente"* (opção de Russo). A leitura de Bury (2006): *"dough"* endossa também a tradução por "massa". Essa decisão é importante para resolver toda a frase em que aparece o termo. É

Contra os astrólogos

preciso entender também o que acontece quando se encosta a massa nas partes em brasa do forno: supomos que ela gruda, adere, ou se cola imediatamente onde encosta.

98 ἰατρῶν παῖδες. Bury (2006) parece ser o único que procura traduzir essa nuance: *"medical fraternity"*.

99 κατάληψις.

100 τινες τῶν φυσικῶν. Seguimos Bury (2006): *"physiologists"*; Hervet (1569) introduz a seguinte nota: *"Pythagoras Democritus Epicurus etc. qui feminam etiam semen confere ad doetum non dubitabant. vide Plutarchum 5.5 de placibus philosoph. quod 'epsomenon' mox dicit Sextus, id Hipocrates sub init. Libri de natura pueri"*. Spinelli (2000) também indica essa última passagem de Hipócrates (*De nat. pueri* 12).

101 εἰρήκασιν.

102 καιρόν.

103 εἰκὸς.

104 καὶ οὐ παράδοξον.

105 MACHADO: Supondo que a impertinência dessa demanda por exatidão já tenha sido demonstrada em notas anteriores, cabe comentar aqui esse belo relato que Sexto faz do conhecimento que se tinha na época sobre o processo de fecundação, a gravidez e outras questões femininas.

106 πρόδηλον.

107 ἄπορόν. Hervet (1569): *"dubium"*; Spinelli (2000): *"dubbio"*; Bury (2006): *"doubt"*. Russo (1972) introduz uma paráfrase: *"non si sa con certezza"*.

108 παράστημα ψυχῆς. Há uma altercação aqui acerca do significado de παράστημα. Pois, por um lado, pode significar "presença", com Russo (1972): *"presenza dell'anima"*. Por outro lado, pode significar "consistência", com Hervet (1569): *"animi constantiam"*. Spinelli (2000) prefere: *"forza dell'anima"*. Cf. Bury (2006): *"present state of the soul"*. No fim, não são leituras antagônicas se considerarmos a embriologia estoica, cf. Gourinat, 2016.

109 ἐπιτηδειότητα σώματος. Hervet (1569): *"propter aptitudinem corporis"*.

110 προδιάθεσιν τῶν τόπων: aqui a leitura "predisposição dos lugares", apesar de correta no sentido literal, fica tão vaga que não é possível compreender bem do que se trata; afinal, que "lugares" seriam esses? Nessa linha vão as traduções de Russo (1972): "predisposizione dei

Sexto Empírico

luoghi" e também Hervet (1569): *"locorum affectionem"*. No entanto, o LSJ registra uma acepção mais específica: *"place or part of the body, Hp.Aph. 2.46, Loc.Hom.tit., Sor.2.40, al., Gal. in titles of works, e.g.* περὶ τῶν πεπονθότων τόπων, περὶ συνθέσεως φαρμάκων τῶν κατὰ τόπους; *esp.* ὁ τόπος, *pudendum muliebre, Arist.HA572b28, 583a15, cf. Sor.2.62 (pl.)"*. Assim, consideramos Galeno a melhor referência de cotejo, pois se trata de um médico, assim como Sexto, e essa é uma discussão médica. No mesmo sentido parece interpretar Spinelli (2000): *"condizione delle zone (genitali)"*.

111 ὑμένων.

112 MACHADO: Nos tempos atuais ninguém consideraria a hora do nascimento como o rompimento da bolsa e a liberação do líquido amniótico. Com relação à saída da cabeça ou do corpo todo, não há consenso a esse respeito, mas, em geral, não se passa muito tempo desde a saída da cabeça até a primeira respiração autônoma e o corte do cordão umbilical (hoje em dia, menos de três minutos). Sexto não aborda tal nuance, mas aqui se inclui também a questão dos gêmeos, que podem nascer com diferenças de tempo desprezíveis (alguns minutos) ou não (hoje em dia, cerca de meia hora). Mas, novamente, vale lembrar que não se espera da astrologia tal nível de precisão.

113 ὁ ἦχος. Aqui "eco" pode ser uma opção de tradução mais interessante, como se o som, ecoando pelos vales e escarpas da montanha, demorasse mais a chegar ao alto, já que não segue uma linha reta. Porém, deve ser registrado que nenhuma das instâncias de cotejo seguiu essa leitura; Hervet (1569): *"sonus"*; Bury (2006): *"sound"*; Spinelli (2000) e também Russo (1972): *"suono"*. Vale ressaltar que, algumas linhas acima, em 69.1, consta a expressão τοῦ δίσκου ψόφον, "som do gongo". Entretanto, nessa passagem em análise, ele não usa ψόφον, mas ἦχος, que pode ser "som", mas também pode ser "eco", alternativa que nos parece igualmente apropriada.

114 Ou "revolve".

115 παρατήρησις νύκτωρ.

116 MACHADO: Neste passo, mais uma vez, temos um belo relato que Sexto nos oferece sobre o conhecimento e as práticas de medição da época. No *Tetrabiblos* (III, 2), Ptolomeu apresenta os instrumentos específicos para essa medição, como o astrolábio, o gnômon

Contra os astrólogos

(relógio de sol) e a clepsidra (relógio de água), mas também podemos supor o uso de efemérides (tabelas com as posições diárias dos planetas) e outros tipos de tabelas. Sobre a história desses e de outros instrumentos astronômicos, cf. Bennett, 1987. E, mais uma vez, vale lembrar que não se espera da astrologia esse tipo de precisão, ainda que, hoje em dia, seja mais fácil obtê-la.

117 ὑποσχέσεως. Bury (2006): *"undertaking"*; Hervet (1569): *"promissi"*, que seguimos.

118 ἐλέγχων.

119 MACHADO: Neste passo, estranhamente, parece que Sexto Empírico confunde signo com constelação, apesar de, no início do texto, ter deixado claro que estava ciente da diferença. Pela definição já apresentada em nota anterior, as constelações é que são de difícil delimitação, os signos, não; e, como já foi dito antes, a astrologia trabalha com os signos como "sistema métrico".

120 ἀνώμαλα.

121 MACHADO: O mesmo de nota anterior sobre a confusão entre signo e constelação.

122 παραλλαγήν.

123 αἰσθήσεων.

124 Essa discussão sobre os limites dos sentidos dos humanos, quando comparados com os dos animais, remete-se diretamente aos tropos de Enesidemo, cujo sumário Sextiano cito: "Assim, os céticos mais antigos forneciam modos pelos quais pensa-se que a suspensão de juízo advém, dez é seu número, são chamados também pelos sinônimos: argumentos e padrão. <Eles> são os seguintes: o primeiro <modo> é o derivado da variação entre os animais; o segundo, derivado da diferença entre os humanos; o terceiro, das diferenças entre as constituições dos órgãos dos sentidos; o quarto, das circunstâncias ao redor; o quinto, das posições e intervalos e das localizações; o sexto, das misturas; o sétimo, das quantidades e preparações das <coisas> subjacentes; o oitavo, da relação com algo; o nono, da frequência ou raridade de uma ocorrência; o décimo, das orientações e costumes, das convenções, crenças míticas e noções dogmáticas. Usamos esta ordem para argumentar. Mas acima desses há três modos, o derivado em quem julga, o derivado no que é julgado, o derivado em ambos. Pois os <primeiros> quatro tropos agrupam-se

Sexto Empírico

sob o derivado em quem julga (pois quem julga é ou um animal, ou uma pessoa, ou a percepção, ou <está> em uma circunstância); o sétimo e o décimo são derivados do que é julgado; o quinto, o sexto, o oitavo e o nono, a partir de ambos combinados. Mas esses três são, por seu turno, derivados do <modo> da relação com algo, de maneira que o mais geral é o da relação, os três são específicos, sob os quais se agrupam os dez. Falamos sobre seu provável número, a seguir <falaremos> sobre a sua potência" (PH I, 36-39).

125 ἔλεγχον.

126 MACHADO: É por isso que, além da data e da hora do nascimento, o local do nascimento também é considerado no cálculo do mapa, com suas específicas latitude e longitude. O eixo Ascendente-Descendente é a representação do horizonte local do nascimento ou evento em questão. O mapa astrológico, portanto, representa as posições dos planetas no céu numa determinada hora e num determinado local. Cito uma passagem da tese de Maria Elisabeth Costa: "A premissa astrológica é que as qualidades de qualquer entidade se confundem com as qualidades do estado do céu no momento em que ela surge para o mundo. Admite-se que aquele conjunto de circunstâncias planetárias é único, singularizando o *nativo*" (Costa, 2005, p.2).

127 ἰδιωτῶν.

128 ἰδιώτην. E assim por diante, para cada entrada de "pessoa(s) comum(ns)".

129 MACHADO: Ou conjectura. Segundo Ptolomeu (*Tetrabiblos* I, 1), "toda ciência que se volta para a qualidade da matéria é conjectural, não podendo ser sustentada categoricamente, sobretudo a que é composta por muitos elementos heterogêneos." Cf. Pinheiro & Machado, 2017; 2018.

130 ἐλεγχθήσονται.

131 ἀποτελεσμάτων, genitivo plural neutro de ἀποτέλεσμα, que difere de προφητεία. A última pode ser entendida como "*oracular response*", segundo LSJ. A primeira, por outro lado, seria: "*Astrol., result of certain positions of the stars on human destiny*", também segundo LSJ. Esse sentido já está registrado por Hervet (1569): "*praedictarum effectis*". Portanto, ἀποτέλεσμα é termo técnico da astrologia. MACHADO: Ademais, *Apotelesmatika* é título de algumas obras astrológicas hele-

Contra os astrólogos

nísticas; inclusive, como já foi dito em nota anterior, uma das edições críticas do *Tetrabiblos* adotou essa denominação, tendo em vista que uma determinada tradição de manuscritos assim a consagrou. Outro título que se refere a essa obra ptolomaica é *Quadripartitum*. Por conta desses usos, o termo "apotelesmática" aparece como sinônimo de astrologia medieval nos nossos dicionários.

132 ἐπισκέπτεται.

133 διάθεμα.

134 MACHADO: Aqui vale a pena mencionar a passagem do *Tetrabiblos* (I, 2) em que Ptolomeu constrói o que foi — ou seria — uma boa resposta a Sexto Empírico sobre esse suposto determinismo forte da astrologia, que não encontra abrigo na obra ptolomaica: "Os lugares de nascimento também causam transformações que não são desprezíveis naqueles que são produzidos, pois, dadas as mesmas sementes de acordo com a espécie — como as humanas — e a mesma condição do ambiente, os que nascem diferem muito nas almas e nos corpos de acordo com as diferenças regionais. Além disso, considerando que as condições já mencionadas não sejam diferentes, ou seja, o ambiente, as sementes e os lugares de nascimento, os alimentos e os costumes também contribuem para o curso particular das vidas". Ou seja, há outras causas, além da astrológica, para definir o destino de qualquer pessoa. Cf. Pinheiro & Machado, 2017; 2018.

135 ἐν τῇ ἀκίδι τοῦ τοξότου: literalmente, a expressão significa algo como "no arco do arqueiro". Em latim, "arqueiro" é *sagittarius*, e *sagitta* é "flecha", de modo que temos a bela aliteração *sagitae sagittarii* da tradução de Hervet (1569), talvez impossível de reproduzir em português: *"sub aculeo sagitae sagittarii"*.

136 κατὰ τὸν μαθηματικὸν ... λόγον.

137 MACHADO: Para além da questão do determinismo, já mencionada em nota anterior, aqui ainda cabe mais um comentário comparativo com o *Tetrabiblos*. Nos três primeiros capítulos dessa obra de Ptolomeu, há uma preocupação do autor justamente em fundamentar filosófica e cientificamente a astrologia, respondendo a críticas usuais como essas apresentadas por Sexto Empírico. À introdução (*Tetrabiblos* I, 1) se seguem um capítulo sobre a possibilidade de apreensão da astrologia (*Tetrabiblos* I, 2) e outro sobre a sua utili-

Sexto Empírico

dade (*Tetrabiblos* I, 3). No entanto, como já dito antes, Ptolomeu se fundamenta sobretudo em Aristóteles para demonstrar, ao contrário de Sexto, como se pode apreender a astrologia. E assim começa o seu argumento no segundo capítulo: "Pode mostrar-se muito claramente para todos — e isso com poucos argumentos — o fato de que, a partir da natureza eterna do éter, certa potência é distribuída e alcança toda a atmosfera, que é inteiramente mutável: os primeiros elementos sublunares — fogo e ar — são abarcados e deslocados pelos movimentos do éter; ademais, abarcam e também deslocam todo o resto — terra e água, além das plantas e animais que nelas se encontram". Cf. Pinheiro & Machado, 2017; 2018.

138 ἀνδρεῖος.

139 τετανόθριξ. LSJ: "*with long straight hair*".

140 χαροπός. LSJ: "*fierce; flashing; bright*". Mas também pode significar olhos claros, especificamente da coloração azul-acinzentada.

141 MACHADO: A astrologia constitui um sistema complexo que, sim, relaciona características físicas e de temperamento a certas posições astrológicas. Essa análise, no entanto, implica o conhecimento da complexidade do sistema, que está bem longe da simploriedade aqui apresentada de "nascidos em leão", virgem ou qualquer outro signo. No *Tetrabiblos*, depois de uma exposição dos fundamentos filosóficos, físicos e técnicos da astrologia (livro I), e sempre indo do universal para o particular, Ptolomeu apresenta uma etnografia astrológica e uma meteorologia, que dizem respeito a nações inteiras, países e cidades (livro II), e uma genetlialogia, que diz respeito aos indivíduos (livros III e IV).

142 Arato de Solos (*c.* 315 a.C./310 a.C.-240 a.C.) foi um poeta, filósofo, gramático e médico que viveu nas cortes de Antígono Gônatas e de Antígono Sóter, governantes respectivamente da Macedônia e da Síria. Arato imortalizou-se por escrever um poema em hexâmetros chamado "Aparências" (Φαινόμενα ou Phaenomena) cuja primeira parte trata de astros e fenômenos celestes.

143 Em grego, Etíope (Αἰθίοψ) significa, literalmente, "cara queimada".

144 λέγουσιν.

145 φημί. Uma das raras ocasiões em que Sexto diz que "assere" ou "afirma" algo, preferindo, em vez do usual relato das aparências, um ato de fala mais próximo ao "constatativo" de Austin.

MACHADO: Essa demanda observacional é justificável e pertinente em relação a qualquer ciência, mas, julgando-se pela literatura astrológica helenística que nos restou, e também por documentos mais antigos de outros tempos e espaços, pode-se dizer que a grande maioria trata justamente de registros desse tipo. Ptolomeu, com seu tratado sistemático sobre a astrologia (o *Tetrabiblos*), é uma exceção. Cf. Machado, 2012.

146 MACHADO: É interessante notar que Sexto Empírico usa a medicina contra a astrologia, ao contrário de Ptolomeu, que a usa a seu favor em várias passagens, provavelmente em função de uma diferença de visão em relação à própria medicina. Numa dessas passagens, lê-se: "[...] sobre aqueles eventos que podem ser modificados, deve-se ouvir o astrólogo quando ele diz – suponhamos – que tal temperamento, de acordo com tal particularidade do ambiente, caso a proporção fundamental de ambos aumente ou diminua, resulta num tal tipo de afecção. Assim também se deve ouvir o médico quando diz que tal ferimento vai se espalhar ou apodrecer [...]". Nesse momento Ptolomeu introduz estoicamente aquela que ele considera a utilidade da astrologia: seu caráter preventivo, ou seja, a utilidade de se conhecer o prognóstico astrológico não é o seu traço determinista, e sim seu traço terapêutico, de preparação anímica e material para o que pode acontecer (*Tetrabiblos* I, 3). Em termos estoicos, é o famoso "viver conforme a natureza".

147 Talvez a "diferença em relação à própria medicina", a que Machado se refere na nota imediatamente anterior, ocorra porque Ptolomeu possivelmente concordasse com a seita dos médicos racionalistas/lógicos ou dogmáticos, ao contrário de Sexto, cuja predileção oscilava entre as seitas dos metódicos e dos empiristas. Isso não seria difícil de se especular, uma vez que Ptolomeu parece aderir a aspectos importantes de cosmologias e metodologias tanto dos peripatéticos quanto dos estoicos, escolas que também influenciaram a seita médica dos racionalistas. Ademais, a supracitada comparação entre os procedimentos do astrólogo e do médico (in: *Tetrabiblos* I, 3) só faz sentido se remeter-se à concepção racionalista de medicina: "Por outro lado, o [caminho] através da razão exorta-nos ao estudo da natureza do corpo que se busca curar, e das propriedades de todas as causas com as quais diariamente o corpo se depara, [pois, por

Sexto Empírico

causa] delas [o corpo] torna-se mais saudável ou mais enfermo. Além disso, também dizem que o médico precisa ser conhecedor das <naturezas> dos ares, das águas, dos locais, dos costumes, dos alimentos, das bebidas e dos hábitos, de modo a descobrir as causas de todas as doenças e as propriedades dos remédios, e [de modo a] comparar e calcular que, por exemplo, algo que se sabe ter tal propriedade, se aplicado sobre a causa <um remédio>, naturalmente funcionaria de tal modo. Pois, dizem, a não ser que se seja treinado em todos esses diversos aspectos, não há remédios suficientes. Como a partir de um pequeno exemplo vê-se o todo, assumamos que uma parte do corpo esteja com uma dor penosa, persistente e com volume aumentado. Nesse caso, o médico deve procurar, antes de tudo, a causa, [a saber,] que algum líquido fluiu para [essa] parte em volume, contra a natureza, inchando e esticando-a, levando à dor. Então, se, por um lado, continuar a fluir, [o médico precisa] reter o fluxo. Se, por outro lado, não [continuar], [deve] imediatamente esvaziar a parte. Então, como prevenir o que ainda flui, [ou] esvaziar o que já está acumulado? Esfriando e comprimindo-se a parte, por um lado, o fluxo será retido; aquecendo e relaxando, por outro lado, o acúmulo será esvaziado. Desse modo, a partir da própria disposição se dá a indicação do que lhes vem a ser favorável; contudo, ela por si só não basta, dizem, [precisa-se] de uma <indicação> diferente, [advinda] da força do enfermo, outra a da idade, e outra da peculiar natureza do doente. Desse modo, também das estações do ano, da natureza do lugar e dos hábitos e dos costumes, <a partir de cada um desses> se dá uma particular indicação do que vem a ser favorável. Aqui, isto pode ser mais claramente aprendido por meio de um exemplo, [assumamos] que alguém esteja com febre aguda evita mover-se e sente o corpo pesado; [assumamos] que agora esteja mais corpulento do que antes e que possua mais vermelhidão, e também que suas veias estejam maiores em tamanho. De modo que está claro para todos que essa pessoa está repleta de sangue muito quente. Então, qual a cura? Está claro que [é preciso] esvaziar? Pois [esvaziar] é o contrário de encher; e contrários <são> remédios dos contrários. Como então esvaziaremos, ou quanto? Não se pode saber isso somente através da causa. Pois, deve-se considerar a força, a idade, a estação, o lu-

Contra os astrólogos

gar e as todas outras coisas ditas um pouco antes. Pois se, de fato, [o enfermo] for de compleição forte e estiver no auge da vida, a estação do ano for primavera e o lugar [de clima] temperado, [o médico] não estaria errado se cortasse a veia, esvaziando tanto sangue quanto a causa requeresse; por outro lado, sendo [o enfermo] de compleição fraca, ou sua idade total a de uma criança pequena ou de alguém muito idoso, o local [de clima] frio – como os arredores da Cítia – ou quente – como os arredores da Etiópia –, e a estação do ano [for] muito quente ou muito fria, não se ousaria cortar a veia. Desse modo, exortam a também considerar-se os costumes, os hábitos e a natureza dos corpos; pois tudo isso vem a [fornecer-lhes a] própria indicação do [que é] favorável. A partir disso [há], para os dogmáticos, a indicação do [que é] favorável; e, para os empiristas, a partir disso, a observação. Pois o conjunto de sintomas mencionado anteriormente, acerca da febre – [conjunto] que estão acostumados a chamar de síndrome – ao dogmático, por um lado, sugere esvaziamento; ao empirista, por outro lado, [sugere] rememoração da observação, pois, tendo muitas vezes visto, em casos assim, que o esvaziamento ajudou, espera que seja benéfico quando usado agora. Porém, sabe, a partir de muitas observações, que [os enfermos], estando no apogeu da vida, suportam sem dores o esvaziamento adequado. Do mesmo modo na primavera, mais de que no verão, e em um lugar [de clima] temperado, e se [o enfermo] está habituado a algum processo de evacuação – por exemplo: através de hemorroidas ou de [sangramentos] nasais – o dogmático, por um lado, retiraria, por causa disso, mais sangue, impulsionado pela natureza das circunstâncias [supramencionadas]; por outro lado, o empirista [seria impulsionado] pela observação. E, falando genericamente, os dogmáticos e os empiristas empregam os mesmos remédios para as mesmas afecções, discordam acerca do modo [que se dá] a descoberta dos mesmos [remédios]; pois, quanto à aparição dos sintomas no corpo, para os dogmáticos, a indicação da causa advém deles próprios, e a partir [dessa causa] descobrem a terapia; para os empiristas, por outro lado, a rememoração [advém] do que foi observado amiúde e de modo semelhante. Os dogmáticos, não tendo nenhum sintoma aparente que indique a causa, não hesitam em perguntar pela chamada "causa antecedente", por exemplo, se

Sexto Empírico

a pessoa foi mordida por um cão raivoso ou por uma serpente, ou por outro animal semelhante. Pois a própria ferida [por mordida] em nada parece diferir de outros tipos de ferida, exceto no início" (*De Sectis*, 1.69.7-73.15, apud Brito, 2018).

148 Nomes exemplares, como Fulano, Beltrano e Sicrano.

149 A partir do passo 104 até o 105, temos uma breve descrição de um procedimento, um μέθοδος que Sexto diz ser o da "medicina". Primeiramente, segundo ele explica, há a "observação" de um ferimento, por exemplo. Depois, a recorrência e repetição da observação. Por fim, a adoção da repetição das relações observadas como uma forma de "indicação" (embora também a adesão ao "signo indicativo" seja problemática aqui; voltaremos a isso na nota seguinte). Ora, sabemos que Sexto era médico, de acordo com Diógenes Laércio (IX, 116) e pseudo-Galeno (*Introductio seu medicus* 14.683.5-14.684.5). O próprio Sexto nos diz ser médico; contudo, ao passo que ele expressa por uma aparente predileção pela seita dos metódicos (P.H. I, 236-241), pseudo-Galeno e Diógenes Laércio enquadram-no entre os empiristas. Esse é ainda um problema em aberto, mas provisoriamente nos posicionamos a favor da interpretação de que Sexto era um empirista: "Sexto critica os empiristas por seu dogmatismo negativo, que os faz parecerem acadêmicos, ao invés de pirrônicos. Isso não seria problemático se não fosse um certo tipo de "deserção" dos empiristas com relação ao pirronismo. Interpretação que corroboraria a hipótese de que após o *revival* do pirronismo com Enesidemo, houve uma espécie de desenvolvimento simbiótico do neopirronismo e do empirismo. [...] É precisamente por caminharem mais ou menos paralelamente que a posição dos pirrônicos foi confundida com a posição dogmática negativa dos empiristas, propiciando as críticas contra o pirronismo de que este conduziria a uma vida impossível de ser vivida na prática, e mais tarde a necessidade de Sexto de claramente demarcar as diferenças entre a postura do pirrônico e a dogmático-negativa dos acadêmicos e empiristas. [...] Os debates constantes dos empiristas contra os racionalistas fizeram que os primeiros recaíssem numa postura radicalmente antiteorética, autocontraditória, e que em última instância impedia o próprio avanço da medicina. Enquanto isso, apesar da simbiose com os empiristas, o pirronis-

Contra os astrólogos

mo seguiu desenvolvendo-se como uma possibilidade coerente de abordagem da filosofia. [...] Ainda que tenha sido treinado médico entre empiristas, sob Menodoto, é devido ao seu comportamento cético e não assertórico que Sexto foi capaz de elaborar uma crítica aberta à própria seita empirista. E, vindo a ser o sucessor de Menodoto na liderança da seita, teria conseguido alinhá-la melhor ao pirronismo, evitando os passos dogmático-negativos que seu mestre havia dado em direção à rejeição da possibilidade racional da nosologia, por exemplo. É neste sentido que se deve entender a afirmação de pseudo-Galeno de que Sexto levou a seita empirista à perfeição, pois a ela deu a coerência que faltava sob Menodoto, assim como fez com o pirronismo" (Brito, 2016). Tendo isso em vista, o trecho aqui em questão (*Adv. Ast.* 104-105) é crucial para tentarmos compreender a relação de Sexto com a medicina, pois o μέθοδος aqui indicado – 1- observação; 2- repetição; 3- indicação (ver nota a seguir) – encaixa-se perfeitamente na abordagem utilizada pelos empiristas. Cf. Galeno, *De Sectis*, 1.66.1-67.15 (apud Brito, 2016): "Os empiristas dizem que a arte é organizada do seguinte modo. Uma vez observou-se que muitas das afecções humanas se dão espontaneamente, tanto nos doentes quanto nos saudáveis, como o sangramento nasal ou a sudorese, a diarreia ou outra coisa assim, que trouxe dano ou vantagem, de modo algum tendo uma causa produtiva perceptível. Quanto às outras [afecções], a causa é manifesta, não advindo por escolha nossa, mas, por acaso, como quando ocorre que alguém caiu ou foi golpeado, ou ferido de algum outro modo, o sangue fluiu; e quando, na doença, bebeu água fria, vinho ou outra coisa assim, satisfazendo seu apetite, cada um destes terminando em benefício ou dano; [então] ao primeiro tipo de coisa benéfica ou danosa chamaram de natural, ao segundo de casual; mas, em ambos os casos, chama-se de incidência a primeira visão [das coisas benéficas ou danosas], dando esse nome por algo incidir sobre as circunstâncias involuntariamente. Tal então é o tipo de experiência incidental. Mas há a impremeditada, quando deliberadamente se tenta algo, ou compelido por sonhos ou por quaisquer outras suposições. E há um terceiro tipo de experiência, a imitativa, quando algo benéfico ou danoso, tanto naturalmente quanto casualmente ou impremeditadamente, é experimentado re-

Sexto Empírico

cursivamente nas mesmas afecções. E é principalmente este [tipo] que constituiu sua arte; pois tendo imitado, não somente duas ou três, mas muitas vezes o que causou benefício anteriormente, em seguida descobriram que, na maioria dos casos, o produto era o mesmo nas mesmas afecções – e a tal rememoração chamaram de teorema, já considerada confiável e parte da arte. Assim, tendo-se coletado muitos desses teoremas por eles, a totalidade da coletânea é a medicina, e o coletor, o médico. Tal coletânea foi chamada por eles de autópsia, sendo um tipo de rememoração do que foi visto muitas vezes e do mesmo modo. Mas também chamaram essa mesma coisa de experiência, e a sua divulgação de história; pois para o observador [a rememoração] é autópsia, por outro lado, é história para quem aprende o que foi observado".

150 Há um problema com a "indicação" enquanto componente do μέθοδος apresentado na nota imediatamente anterior. O caso é que se argumentarmos que Sexto era um médico da seita dos empiristas e que isso pode ser demonstrado relacionando *Adv. Ast.* 104-105 com *De Sectis*, então, uma vez que em *Adv. Ast.* 104-105 Sexto afirma que a "indicação" se segue à coletânea de observações, nossa argumentação pode ser confutada, pois em *De Sectis* Galeno claramente atribui a "descoberta por indicação" à metodologia dos racionalistas (ou dogmáticos): "O escopo da arte médica é a saúde, e seu fim a sua posse. É necessário ser sabido pelos médicos como fazer a saúde advir, quando ausente, ou mantê-la, quando presente. Chama-se de medicamentos e de remédios o que suscita a saúde quando está ausente, e de dietas saudáveis o que mantém [a saúde] quando presente. Eis por que o antigo relato diz que a medicina é a ciência das coisas saudáveis e das nocivas, sendo chamadas saudáveis as que mantêm a saúde quando presente e as que a restauram quando arruinada, e [sendo chamadas de] nocivas as diametralmente opostas a essas. Pois o médico precisa de ambos os conhecimentos para capturar uma e escapar da outra. Mas não há acordo entre todos sobre onde se encontraria o conhecimento de tais coisas, mas uns dizem que somente a experiência é suficiente para a arte, outros acham que a razão não pouco contribui. Aqueles são chamados de empiristas por partirem somente da experiência, sendo parônimos; do mesmo modo, os que [partem] da razão, de

Contra os astrólogos

racionalistas, e estas são as duas seitas primárias da medicina. A primeira parte de experimentos para a descoberta de medicamentos, a segunda [parte da] indicação. E assim eles deram os nomes de empirista e de racionalista às [suas] seitas. Mas usualmente a empirista também é chamada de observante e de memorativa, e a racionalista de dogmática e de analogística; e semelhantemente às seitas, os homens que escolheram a experiência são chamados de empiristas, observantes e memorativos dos fenômenos; os que admitiram a razão de racionalistas, dogmáticos e analogísticos" (*De Sectis*, 1.64.1-65.20, apud Brito, 2016). Compare com a longa discussão sobre a natureza dos signos presente também em *Adv. Log.* I, 141-315 e P.H. II, 97-133. Então, temos aqui uma aporia...

151 MACHADO: Não há consenso sobre o conceito de "grande ano" e a sua duração, mas pelo menos desde Platão (*Timeu* 39d) já se fala de um grande ano do universo, que marcaria o seu recomeço a partir de uma determinada configuração planetária. Em nota a seguir vemos a menção de Ptolomeu a esse conceito, que está relacionado às noções de tempo cíclico e de eterno retorno.

152 Provavelmente, Sexto tem em mente aqui a doutrina estoica da "deflagração cósmica" (ἐκπύρωσις): "[...] primeiramente, a partir da divisão do corpóreo em dois princípios originários, um ativo e outro passivo, há a ação do princípio ativo divino (que é um pneuma ígneo) sobre o a matéria passiva. [...] Após este instante criativo inicial, a formação do cosmos estaria completa. Nesse momento é muito difícil discernir de maneira perspicaz o que é ativo e o que é passivo, tendo em vista que todos os corpóreos agem e sofrem ações uns dos outros, simultaneamente. Contudo, não obstante a intensa sobreposição causal que há entre todos os elementos corpóreos. É possível detectar as sutis correntes causais, mas somente se compreender-se a mente de Zeus, que ordena a totalidade dos corpóreos, que é o cosmos, que é o próprio deus. [...] Apesar da aparente estabilidade cósmica, Zeus estaria se expandindo incessantemente, passando da forma inicial de pneuma ígneo à forma de fogo puro e propiciando a consumição de todo o cosmos, do qual nada restaria exceto o próprio deus que se tornou fogo. Eis a necessidade cosmológica de postular o vazio: é o espaço incorpóreo infinito que o cosmos corpóreo ocupa e que o envolve mesmo

Sexto Empírico

quando de sua expansão. [...] O fogo criativo (πῦρ τεχνικόν), que se tornou tudo o que há, é o mesmo que um animal cósmico sem corpo, é pura alma. Por rarefação, o fogo viria a se tornar ar (princípio ativo), que engendraria a umidade da qual surgiriam da parte líquida a água, da parte espessa a terra e da parte sutil o fogo (todos elementos passivos). [...] Novamente, teríamos um cosmos corpóreo divino que é pneuma ígneo e que, apesar da normalidade aparente, mais uma vez caminharia para a ἐκπύρωσις". (Brito, 2013a).

153 MACHADO: Aqui temos mais uma relação direta entre esta obra e os primeiros capítulos do *Tetrabiblos* (I, 2) de Ptolomeu: "de modo geral, adaptamos os prognósticos registrados pelos antigos sobre suas configurações planetárias às configurações semelhantes atuais. No entanto, as antigas só podem ser mais ou menos semelhantes às de hoje em dia, nunca idênticas, e somente ocorrem depois de um período muito longo. O retorno exato de todas as posições no céu em relação à Terra ou não ocorre de modo algum ou não se completa num tempo perceptível ao humano, a menos que alguém tenha uma opinião vã acerca da possibilidade de apreender e conhecer as coisas inapreensíveis. Por causa disso, as predições às vezes falham devido às disparidades dos paradigmas preexistentes". Nessa passagem de Ptolomeu e de Sexto Empírico, há uma aproximação da questão do "eterno retorno". Tal problema, mencionado na introdução do livro, foi detidamente estudado pelos estoicos. Cf. Pinheiro & Machado, 2017; 2018.

154 Sexto alude aqui a "Contra os Músicos", próximo e último livro de "Contra os Professores".

Referências bibliográficas

1. Fontes primárias

AGOSTINHO. *Confissões/De magistro*. Trad. O. Santos, A. de Pina e A. Ricci. São Paulo: Nova Cultural, 1987 (Coleção Os Pensadores).

BARNES, J. (Ed.). *The Complete Works of Aristotle*. The Revised Oxford Translation, 2v. Princeton: Princeton University Press, 1984.

BEZZA, G. *Commento al primo libro della Tetrabiblos di Claudio Tolemeo: Con una nuova traduzione e le interpretazioni dei maggiori commentatori*. Turim: Nuovi Orizzonti, 1990.

BOLL, F. Studien über Claudius ptolemäus: ein beitrag zur geschichte der griechischen philosophie und astrologie. *Jahrbücher für Classische Philologie*, supl. 21, p.51-244, 1894.

_____; CUMONT, F.; KROLL, G. et al. (Orgs.). *Catalogus codicum astrologorum graecorum*. 12v. Bruxelas, 1898-1954.

BRITO, R. P. Por que o estudo de Galeno pode contribuir para a compreensão de Sexto Empírico? Tradução de Galeno, Das seitas médicas para os iniciantes, 1.64.1- 1.69.5, bilíngue, com introdução. *Prometeus, Filosofia em Revista*, v.9, ano 9, n.19, 2016.

_____. Tradução de Galeno, "Das seitas médicas para os iniciantes". *Prometeus, Filosofia em Revista*, v.11, ano 11, n.26, 2018.

Sexto Empírico

CLÁUDIO PTOLOMEU. *Tetrabiblos*. Trad. F. E. Robbins. In: *Loeb Classical Library*. Cambridge/MA: Harvard University Press, 2001 [1940].

_____. *Opera quae exstant omnia*. Volume III – I. Apotelesmatika (*Tetrabiblos*). Edição de Wolfgang Hübner com base na edição de 1940 de Fraz Boll e Emilie Boer. Stuttgart/Leipzig: Teubner, 1998.

DIÓGENES LAÉRCIO. *Lives of Eminent Philosophers*. Trad. R. D. Hicks. Londres: William Heinemann, 1975.

GALENO. *Galen. Three Treatises on the Nature of Science*. Ed. e trad. R. Walzer e M. Frede. Indianapolis/Cambridge: Hackett Publishing Company, 1985.

_____. *De Placitis Hippocratis et Platonis*. Berlim: Akademie Verlag, 2005.

HIPÓCRATES. *The Genuine Works of Hippocrates*. Nova York: Dover, 1868.

HIPÓLITO DE ROMA. *Collected Writings*. Kindle Edition, 2013.

HOLMES, M. W. (Ed.) *The Apostolic Fathers*: Greek texts and English translations. Michigan, Baker Academic, 2007.

LONG, A. A.; SEDLEY, D. N. *The Hellenistic Philosophers*: translation of the principal sources, with philosophical commentary. 2v. Cambridge: Cambridge University Press, 1987.

MARCUS MANILIUS. *Astronomica*. Trad. G. P. Goold. In: *Loeb Classical Library*. Cambridge/MA: Harvard University Press, 1989.

PINHEIRO, M. R.; MACHADO, C. A. Tradução comentada dos três primeiros capítulos do *Tetrabiblos* de Ptolomeu. *Cadernos de História e Filosofia da Ciência*, v.1, n.2, série 4-2015, p.301-32, 2017.

_____. *O Tetrabiblos de Ptolomeu*: tradução comentada dos capítulos filosóficos e estudo sobre o texto e seu contexto cosmológico. Maringá-PR: EdUEM, 2018 [no prelo].

PLATÃO. *Timeu-Crítias*. Trad. R. Lopes. Coimbra: Imprensa da Universidade de Coimbra, 2010.

PLOTINO. *Ennead II*. Trad. A. H Armstrong. In: *Loeb Classical Library*. Cambridge/MA: Harvard University Press, 1990.

PSEUDO-PLUTARCO. *Sobre o Destino*. Trad. R. Lopes. In: *Prometeus, Filosofia em Revista*, n.25, jan. 2018.

SEXTO EMPÍRICO. *Adversus Mathematicos, hoc est, adversus eos qui profitentur disciplinas, complectens universam Pyrrhoniorum acutissimorum philosophorum*

Contra os astrólogos

disputandi de quibuslibet disciplinis & artibus rationem, Graece nunquam, Latine nunc primum editum. Ed. e trad. Henri Estienne, Desiderius Erasmus e Gentian Hervet. Antuérpia: Officina Christophe Plantin, 1569.

SEXTO EMPÍRICO. *Contra os retóricos.* Trad. R. P. Brito e R. Huguenin. São Paulo: Editora Unesp, 2013.

_____. *Contra os gramáticos.* Trad. R. P. Brito e R. Huguenin. São Paulo: Editora Unesp, 2015.

_____. *Contro gli Astrologi.* Trad. E. Spinelli. Nápoles: Bibliopolis, 2000.

_____. *Complete Works of.* 4v. Trad. R. G. Bury. In: *Loeb Classical Library.* Cambridge/MA: Harvard University Press, 2006.

_____. *Outlines of Scepticism.* Trad. J. Annas e J. Barnes. Cambridge: Cambridge University Press, 2000.

_____. *Contra los Profesores, libros I-VI.* Trad. J. B. Cavero. Madrid: Editorial Gredos, 2014.

_____. *Contre les Professeurs.* Trad. P. Pellegrin, C. Dalimier, D. Delattre, J. Delattre, B. Perez. Paris: Éditions du Seuil, 2002.

_____. *Opere Filozofice.* v.I. Trad. A. M. Frenkian. Bucareste: Editura Academiei Republicii Socialiste Romania, 1965.

_____. *Contro I Matematici.* Trad. A. Russo. Bari: Laterza, 1972.

_____. *Sexti Empirici Opera.* v.III. Ed. H. Mutschmann. Leipzig: Bibliotheca Scriptorum Graecorum et Romanorum Teubneriana, 1912.

_____. *Opera Omnia.* Ed. I. BEKKER. Berlim: Typis et Imprensis Ge. Reimeri, 1842.

2. Fontes Secundárias

ANNAS, J. Doing Without Objective Values: Ancient and Modern Strategies. In: SCHOFIELD, M.; STRIKER, G. (Eds.). *The Norms of Nature*: Studies in Hellenistic Ethics. Cambridge: Cambridge University Press, 1986.

_____. Scepticism About Value. In: POPKIN, R. H. (Org.). *Scepticism in the History of Philosophy.* Amsterdam: Kluwer Academic Publishers, 1996.

AUJAC, G. *Claude Ptolémée*: astronome, astrologue, géographe: connaissance et représentation du monde habité. Paris: CTHS, 1993.

AVELAR, H.; RIBEIRO, L. *Tratado das esferas*: um guia prático da tradição astrológica. Lisboa: Prisma Edições, 2015.

BARNES, J.; SCHOFIELD, M.; BURNYEAT, M. (Orgs.). *Doubt and Dogmatism, Studies in Hellenistic Epistemology*. Oxford: Clarendon Press, 1980.

BARTON, T. *Ancient Astrology*. Londres/Nova York: Routledge, 1994.

_____. *Power and Knowledge*: Astrology, Physiognomics, and Medicine under the Roman Empire. Michigan: Michigan University Press, 1994.

BECK, R. *A Brief History of Ancient Astrology*. Oxford: Wiley-Blackwell, 2007.

BENNETT, J. *The Divided Circle*. A history of instruments for astronomy, navigation and surveying. Oxford: Phaidon-Christie's, 1987.

BLUM, P. R. (Ed.). *Philosophers of the Renaissance*. Michigan, Catholic University of America Press, 2010.

_____; BURNET, C.; TAUB, L. *Ptolemy and Ancient Astronomy. BBC Radio 4 In Our Time*. Programa transmitido em 17 nov. 2011. Disponível em: <http://www.bbc.co.uk/programmes/b017528d>.

BOUCHÉ-LECLERCQ, A. *L'Astrologie grecque*. Paris: Scientia Verlag Aalen, 1979.

BRENNAN, C. *The Astrology Dictionary*. Disponível em: <http://theastrologydictionary.com>.

BRITO, R. P. Quadros conceituais do ceticismo anterior a Sexto Empírico. In: *Prometeus – Filosofia em Revista*, ano 6, n.12, p.121-136, 2013.

_____. A física da Stoá. In: *Anais de Filosofia Clássica*, v.7, n.14, 2013a.

_____. Uma "via média" interpretativa para o ceticismo sextiano e sua aplicação na análise de "Contra os Retóricos". In: *Sképsis* (Salvador. On-line), 2014, v. 1, p.33-69.

_____. Algumas outras palavras sobre ceticismo e cristianismo. In: *Revista Archai* (Brasília. On-line), n.14, janeiro-junho/2015, v.1, p.27- 37, 2015.

BRITO, R. P. O ataque de Sexto Empírico às *technai* (in: M I-VI) e seu caráter político-pedagógico. In: *Ética e Filosofia Política*-UFJF, n.XIX – Volume II – dez. 2016.

_____; SKVIRSKY, A. A.; MORAIS, L. I. Some notes on Sextus Empiricus' method of approaching the téchnai. In: *Archai*, n.21, set.-dez. 2017.

BROCHARD, V. *Os Céticos gregos*. São Paulo: Editora Odysseus, 2010.

BURNETT, C. The certitude of astrology: the scientific methodology of Al-qabisi and Abu Ma'shar. In: *Early Science and Medicine*, Leiden, v.7, n.3, p.198-213, 2002.

_____. Arabic, greek and latin works on astrological magic attributed to Aristotle. In: KRAYE, J.; RYAN, W. F.; SCHMITT, C. B. (Eds.). *Pseudo-Aristotle in the Middle Ages*. Londres, 1986, p.84-96.

BURNYEAT, M. F.; FREDE, M. (Orgs.). *The Original Sceptics*. Cambridge: Hackett Publishing Company, 1998.

CAMPION, N. *A History of Western Astrology*. Volume 1: The ancient and classical worlds. Londres/Nova York: Continuum Books, 2008.

CAROLINO, L. M. *Ciência, astrologia e sociedade*: a teoria da influência celeste em Portugal (1593-1755). Lisboa: Fundação Calouste Gulbenkian, 2003.

CASSIRER, E.; KRISTELLER, P. O. (Eds.). *The Renaissance Philosophy of Man*: Petrarca, Valla, Ficino, Pico, Pomponazzi, Vives. Chicago: University of Chicago Press, 2011.

_____. *Indivíduo e cosmos na filosofia do Renascimento*. São Paulo: Martins Fontes, 2011.

COSTA, M. E. *O sistema astrológico como modelo narrativo*. Tese (Doutorado em Antropologia). Rio de Janeiro: UFRJ/IFCS, 2005.

CRAMER, F. H. *Astrology in Roman Law and Politics*. Philadelphia: The American Philosophical Society, 1994.

CROWLEY, T, J. On the Use of Stoicheion in the Sense of "Element". In: *Oxford Studies in Ancient Philosophy*, XXIX, 2005, p.367-394.

CUMONT, F. *Astrologie et religion chez les grecs et les romains*. Bruxelas: Brepols Publishers, 2000 [ed. e org. por Isabelle Tassignon a partir do original de 1911].

Sexto Empírico

CUMONT, F. *Astrology and religion among the greeks and romans.* NY: Dover Publications, 1960 [republicação do original publicado em 1912].

DEVORE, N. *Encyclopedia of Astrology.* Nova York: Philosophical Library, 1947.

DOOLEY, B. *A Companion to Astrology in the Renaissance.* Amsterdam: Brill Academic Pub, 2014.

ELIADE, M. *Mito e realidade.* Trad. P. Civelli. São Paulo: Editora Perspectiva, 1994.

_____. *O mito do eterno retorno.* Trad. J. Ceschin. São Paulo: Mercuryo, 1992.

FAZZO, S. Un'arte inconfutabile. La difesa dell'astrologia nella Tetrabiblos di Tolomeo. In: *Rivista di Storia della Filosofia*, n.2, p.213-244, 1991.

FEKE, J. Ptolemy's defense of theoretical philosophy. In: *Apeiron*, v.45, p.61-90, 2012.

_____. *Ptolemy in Philosophical Context*: a study of the relationships between physics, mathematics, and theology. Tese (Doutorado em Filosofia). Toronto: IHPST/Universidade de Toronto, 2009.

FLORIDI, L. *Sextus Empiricus*: The Transmission and Recovery of Pyrrhonism. Oxford: Oxford University Press, 2002.

_____. The Diffusion of Sextus Empiricus's Works in the Renaissance. In: *Journal of the History of Ideas*, v.56, n.1. University of Pennsylvania Press, s./d.

FREDE, M. *Essays in Ancient Philosophy.* Minnesota: University of Minnesota Press, 1989.

FUZEAU-BRAESCH, S. *A astrologia.* Trad. L. Magalhães. Rio de Janeiro: Jorge Zahar Editor, 1990.

GARIN, E. *Astrology in the Renaissance*: The Zodiac of Life. Londres: Penguin Books, 1988.

GOMES, A. M. *Astronomia e trigonometria esférica.* Rio de Janeiro: Escola Naval, 1962.

GOURINAT, J. B. (Ed.). *L'Éthique du stoïcien Hiéroclès.* Hors-Série. Philosophie antique: problèmes, Renaissance, usages. Villeneuve d'Ascq: Presses universitaires du Septentrion, 2016.

HANKINS, J. (Ed.). *The Cambridge Companion to Renaissance Philosophy*. Cambridge: Cambridge University Press, 2007.

HEGEDUS, T. *Early Christianity and Ancient Astrology*. Nova York: Peter Lang International Academic Publishers, 2007.

HOLDEN, J. *A History of Horoscopy Astrology*. Tempe: AFA, 2006.

HOULDING, D. The transmission of Ptolemy's terms: an historical overview, comparison and interpretation. In: *Culture and Cosmos*, 11/1, p.261-307, 2007.

_____. The life and work of Claudius Ptolemaeus. In: *The Traditional Astrologer*, v.1, p.3-6, 1993.

JONES, A. (Org.). *Ptolemy in Perspective*: use and criticism of his work from antiquity to the nineteenth century. Nova York: Springer, 2010.

_____. Ptolemy. In: *New Dictionary of Scientific Biography*, 6, p.173-178, 2008.

_____. Ptolemy. In: *Encyclopaedia Britannica*. Disponível em: <http://www.britannica.com/eb/article-9061778/Ptolemy>.

KRAYE, J. (Ed.). *The Cambridge Companion to Renaissance Humanism*. Cambridge: Cambridge University Pres, 1996.

_____. (Ed.). *Cambridge Translations of Renaissance Philosophical Texts*: Moral and Political Philosophy. Cambridge: Cambridge University Press, 1997.

KRETZMANN, N. et al. (Eds.). *The Cambridge History of Later Medieval Philosophy*: From the Rediscovery of Aristotle to the Disintegration of Scholasticism, 1100-1600. Cambridge: Cambridge University Pres, 1988.

KRISTELLER, P. O. *Renaissance Thought and its Sources*. Nova York: Columbia University Press, 1979.

LEHOUX, D. Observation and Prediction in Ancient Astrology. In: *Studies in History and Philosophy*, n.35, p.227-246, 2004.

LONG, A. A. Astrology: arguments pro and contra. In: _____. *From Epicurus to Epictetus. Studies in Hellenistic and Roman Philosophy*. Oxford: OUP, 2006.

_____. Astrology pro and contra. In: BARNES, J. et al. (Orgs.). *Science and speculation*. Cambridge: CUP, 1982.

Sexto Empírico

MACHADO, C. A. *O papel da tradução na transmissão da ciência*: o caso do Tetrabiblos de Ptolomeu. Rio de Janeiro: Editora Mauad X, 2012.

_____. O *Tetrabiblos* de Ptolomeu: um texto e sua circunstância. In: *História, Imagem e Narrativas* (On-line), v.1, p.1-36, 2010.

_____. *A falência dos modelos normativos de filosofia da ciência*: estudo do caso da astrologia. Dissertação (Mestrado em Filosofia). Rio de Janeiro: PUC-Rio, 2006.

_____. Da Babilônia à internet, uma breve história da astrologia. *Revista Constelar* (On-line), edição 76, 2004. Disponível em: <http://www.constelar.com.br/revista/edicao76/historia1.php>.

MARTINS, R. A influência de Aristóteles na obra astrológica de Ptolomeu (O *Tetrabiblos*). In: *Trans/Form/Ação*, 1995, v.18, p.51-78.

MONFASANI, J. *Byzantine Scholars in Renaissance Italy*: Cardinal Bessarion and Other Emigres – Selected Essays. Vermont: Variorum, 1995.

NEUGEBAUER, O. *The Exact Sciences in Antiquity*. Nova York: Dover Publications, 1969.

_____; VAN HOESEN, H. B. *Greek horoscopes*. Philadelphia: The American Philosophical Society, 1959.

NOONAN, G. *Classical Scientific Astrology*. Tempe, Arizona: AFA Inc., 1984.

_____. *Spherical Astronomy for Astrologers*. Washington, DC: AFA Inc., 1974.

PINGREE, D. From Alexandria to Baghdad to Byzantium. The Transmission of Astrology. In: *International Journal of the Classical Tradition*, v.8, n.1, p.3-37, 2001.

POPKIN, R. *The History of Scepticism. From Savonarola to Bayle*. Nova York: OUP, 2003.

RILEY, M. Science and tradition in the *Tetrabiblos*. In: *Proceedings of the American Philosophical Society*, v.132, n.1, p.67-84, 1988.

_____. Theoretical and practical astrology: Ptolemy and his colleagues. In: *Transactions of the American Philological Association*, v.117, p.235-256, 1987.

RUDHYAR, D. *Astrologia tradicional e astrologia humanista*. Trad. M. Gilii. São Paulo: Editora Pensamento, 1991.

Contra os astrólogos

SCHMITT, C. B. et al. (Eds.). *The Cambridge History of Renaissance Philosophy.* Cambridge: Cambridge University Press, 1991.

SPINELLI, E. *La semiologia del cielo. Astrologia e anti-astrologia in Sesto Empirico e Plotino.* Roma: C.N.R./Centro di Studio del Pensiero Antico, 2002.

_____. Sesto Empirico e l'astrologia. In: FREDE, D.; LAKS, A. (Eds.). *Traditions of Theology*: Studies in Hellenistic Theology, its Background and Aftermath. Leiden: Brill, 2000.

STUCKRAD, K. *História da astrologia*: da antiguidade aos nossos dias. Trad. K. PASSOS. São Paulo: Editora Globo, 2007.

TAUB, L. *Ptolemy's Universe*: the natural philosophical and ethical foundations of Ptolemy's Astronomy. Chicago and LaSalle, Illinois: Open Court, 1993.

TESTER, J. *A history of western astrology.* Suffolk: Boydell Press, 1996.

THORNDIKE, L. The true place of astrology in the history of science. In: *Isis*, 1955, p.273-278.

_____. *History of Magic and Experimental Science.* 8v. Nova York: Columbia University Press, 1958.

TOOMER, G. Ptolemy (or Claudius Ptolemaeus). In: *Complete Dictionary of Scientific Biography.* 2008. Disponível em: <http://www.encyclopedia.com/doc/1G2-2830903535.html>.

_____. Claudio Ptolomeu. In: BENJAMIN, C. (Ed.). *Dicionário de biografias científicas.* Rio de Janeiro: Contraponto, 2007.

3. Obras de referência

HOUAISS. *Dicionário eletrônico da língua portuguesa*, versão 1.0.

LIDELL, H. G.; SCOTT, R. *A Greek-English Lexicon. Revised and augmented throughout by Sir Henry Stuart Jones with the assistance of Roderick McKenzie.* Oxford: Clarendon Press, 1940.

SOBRE O LIVRO

Formato: 14 x 21 cm
Mancha: 23 x 44 paicas
Tipologia: Venetian 301 12,5/16
Papel: Off-white 80 g/m² (miolo)
Cartão Supremo 250 g/m² (capa)

1ª edição Editora Unesp: 2019

EQUIPE DE REALIZAÇÃO

Edição de texto
Marcelo Porto (Copidesque)
Tomoe Moroizumi (Revisão)

Capa
Vicente Pimenta

Editoração eletrônica
Eduardo Seiji Seki

Assistência editorial
Alberto Bononi

GRÁFICA PAYM
Tel. [11] 4392-3344
paym@graficapaym.com.br